U0165645

馬行誼————著

從「寫作素養」
到「寫出素養」

真善美寫作教學模式

五南圖書出版公司 印行

自序

　　原本我和多數人一樣恐懼寫作，總怕自己寫的東西被人嘲笑，而且非常羨慕文章好的同學，以及成名的作家們。那自信的筆調、發人深省的故事，從何而來？為什麼同樣經歷過的生活小事，我漫不經心，他們就能娓娓道來，而且興味盎然呢？一定是天賦，他們天生就是吃這碗飯的，而且注定名聞遐邇，不是我所能企及，至少以前我是這麼堅信的。

　　自從讀了語文教育專業，而且在中文系裡學了點文學常識，我長久以來的信念逐漸被打破。原來寫作有那麼多技法，並非妙筆偶得之，寫作不能只靠天賦自由發揮，得下大功夫。此外，文學史上大家們所寫的，怎麼和老師眼中的好文章有差距？時下暢銷書作家成名主因並非文學技法，寫作主題似乎不是課堂範文所關心的。再者，各類作文比賽刊出的得獎文章，既與中國文學的傳統脫節，似乎也和現代文學主流唱反調。

　　有人好奇的問我：「您不是搞聆聽、教演說、研究閱讀、編寫教科書的，怎麼關心起寫作來了？」大家可能不知道我碩士論文寫的是說明文教學，每年指導縣市的寫作選手參加全國語文競賽，而且曾經長期擔任大學學測閱卷委員。姑且不論這些經歷的多寡，畢竟任務是任務，能否從中體會什麼，卻是因人而異的。我正是帶著幾十年來的疑問承擔此類任務，故而所見所聞、所思所想，一路走來著實收穫不少。

　　回顧以往寫過的幾本書，自忖總改不了要命的創新癖，還好這本是大學院校老師的天職，而且自以為國語文教學領域仍有我用武之地，於是敢大放厥詞，希望能為教育現場提供不一樣的思考。面對寫作教學，我的態度依然如此，卻有著更高的期許。

　　我生性駑鈍，領悟力不高，往往人們高談參與某事務多有樂趣、從事某活動的幸福感如何，卻多難以體會，唯獨寫作一事例外。拜工作所賜，除了日常教學外，我十幾年不停撰寫學位論文、升等著作或評鑑研究，隨

著一篇篇文章出手，完成任務和得到回報後，我逐漸喜歡上寫作這件事，甚至欲罷不能。不可思議吧！雖然美妙經驗難以言傳，我仍然願意試著分享。您相信嗎？寫作讓尚未成熟的想法逐漸圓融、讓混沌未明的敘述開始清晰、讓閱讀累積的材料不斷連結、讓體貼讀者的意識開始落實、讓系列主題的構思慢慢成形，更別說以往學過的寫作技巧、典故修辭接連湧現，一發不可收拾，秉持著「要把金針度與人」的想法，便有了動筆寫本書的熱情。

　　既然有切身的體會，對我而言寫作本書就不是件身外事，只想客觀地描述學理或現象了事，而是寄寓著個人切身體會和實踐感受，也正因有落實於寫作教學現場的期待，我不可能只停留在主觀感受或抽象理論，而是企圖與《十二年國教課綱》和寫作教學現場連結，並提出許多具體可行的教學實務建議。儘管如此，我必須承認提出一個新的寫作教學理念到現場落實，仍有不少後續工作要努力，甚至理念本身，必然有不周延之處，有賴寫作教學同道批評指教。動筆之初，我對本書有個小小的期待，那就是如果能略微撬動傳統寫作教學信念，為國語文寫作教學提供另一種思考途徑的話，就算達成本書的目標了。

馬行誼 謹誌

2022年4月

目次

CONTENTS

CONTENTS

緒論
寫作素養和寫出素養

　　「核心素養」是《十二年國民基本教育課程綱要》(以下簡稱《十二年國教課綱》) 中最亮眼的部分，它不僅涵蓋所有學科的範疇，也是規劃教材與教法的指導方針，國語文領域自然是其中一分子。「核心素養」是什麼？乃至「語文核心素養」是什麼？專家學者們各有睿見，我不想捲入爭議之中，為了找到寫作教學的依據，還是得回到《十二年國教課綱總綱》來看看「核心素養」到底為何物，才能作為本書「從寫作素養到寫出素養」的討論起點。

　　《十二年國教課綱總綱》對「核心素養」的定義是：「核心素養是指一個人為適應現在生活及面對未來挑戰，所應具備的知識、能力與態度。核心素養強調學習不宜以學科知識及技能為限，而應關注學習與生活的結合，透過實踐力行而彰顯學習者的全人發展。」，由之衍生出來的「三大面向與九大項目」，其內容為：「十二年國民基本教育之核心素養，強調培養以人為本的『終身學習者』，分為三大面向：『自主行動』、『溝通互動』、『社會參與』。三大面向再細分為九大項目：『身心素質與自我精進』、『系統思考與解決問題』、『規劃執行與創新應變』、『符號運用與溝通表達』、『科技資訊與媒體素養』、『藝術涵養與美感素養』、『道德實踐與公民意識』、『人際關係與團隊合作』、『多元文化與國際理解』。」

　　根據上述「核心素養」的敘述，我試著推導《十二年國教課綱》的「核心素養」國語文寫作教學，至少應該遵循以下原則：

一、「以人為本」到「終身學習者」

　　或許有人說：「這不是廢話嗎？教育本來就是以人爲本」，並非如此，這裡是指不要忽視作爲學習主體的「人」，所以寫作「不宜以學科知識及技能爲限」。因此，寫作的「核心素養」應包含「態度」，更別說偏重知識技能的寫作教學，可能置「個別差異」、「因材施教」於不顧，妄圖用一套知識技能標準要求所有學生做到。寫作本該是人類的基本知能，日常生活中時時應用 (不只是作業或考試)，故而「終身學習者」應念茲在茲，寫作不只是爲了應付考試、比賽得名而已。可是，課堂教學如何培養「終身學習者」(學生) 寫作的信念和習慣呢？卻是個高難度的挑戰。

二、「符號運用」與「溝通表達」

　　寫作是種運用語文符號的能力，目的是爲了「溝通表達」，於是現今寫作教學多強調知識和技能的掌握。然而，「核心素養」爲寫作加了一個「適應現在生活及面對未來挑戰」的明確需求，而且特別強調寫作「態度」，因此學生就不能只靜態的學習「符號運用」的規範。由於「溝通表達」的情境性和目標性極強，學而不用、用而無效是不行的，畢竟「核心素養」的目標是「學習與生活結合」、「透過實踐力行而彰顯全人發展」。問題來了，不以知識和技能爲限的動態寫作教學如何設計？如何實施？其實並不容易。

三、「自我精進」與「創新應變」

　　寫作知識的累積與技巧的熟練，固然是學生「自我精進」的體現，此外，寫作是個高級複雜的心理運思歷程，對學生心智發展助益匪淺，本書後續章節將提及的「探究式寫作」便是將寫作當作學習的憑藉，由此更拓展「自我精進」的廣度。在這樣的基礎上，寫作教學的範疇得以拓展，不僅致力於知識和技能的掌握和熟練，爲了「適應現在生活及面

對未來挑戰」，寫作更可成爲開展「系統思考與解決問題」和「規劃執行與創新應變」兩個「核心素養」的利器。這顯然不只是培養「寫作素養」的問題，而是關乎如何「寫出素養」的課題，教學上該怎麼規劃呢？考驗著寫作教師的本職學能。

四、「美感素養」與「道德實踐」

　　我認爲好文章囊括語言之美、文學之美和思想之美，寫作就是試圖掌握並展現這三種美感。若從「以人爲本」和「終身學習者」兩個「核心素養」的立場來看，從學習古今名家的範文開始，寫作教學應讓學生發展出自己的「美感素養」，甚至不惜花一輩子去尋覓探索，絕不是想當某個大師的影子，或寫出大家公認的美文就滿足了。同樣的道理，以往學校的道德教育總讓人望之生畏，所以「核心素養」強調「道德實踐」，但「道德實踐」之前得先具備「道德意識」，學生便可透過寫作與自我對話，日常生活的反觀自省，便可讓「道德實踐」產生自律的信念（「道德意識」），不再因好賞惡罰而敷衍了事。這顯然並不是「寫作素養」，而是涉及「寫出素養」的課題，教學上該怎麼規劃呢？頗值深思。

五、「公民意識」與「多元文化與國際理解」

　　由於「核心素養」強調「適應現在生活及面對未來挑戰」，所以三大面向中的「社會參與」尤爲關鍵，寫作則表現在「公民意識」與「多元文化與國際理解」兩個範疇之上（相對而言，「人際關係與團隊合作」比較偏向社會參與的知能）。我認爲寫作是一種深度的「社會參與」，學生可透過寫作來思考和評價社會時事，從中架構「公民意識」，並開展「多元文化與國際理解」，進而積極參與社群網站發表意見，或爲自己的信念付諸行動。此時，與先前提到的「探究式寫作」相同，寫作不再講求文學的浪漫抒情，而是試圖應世致用，積極與現實生

活和未來發展結合，寫作範圍則擴及人類社會的各個面向，或許這正是培養寫作「終身學習者」的契機，也是另一種寫作的「美感素養」。沒錯！這顯然不是「寫作素養」，而是涉及「寫出素養」的實踐，教學上該怎麼規劃呢？無疑是個決定成敗又嚴重燒腦的任務。

談及「寫作素養」時，寫作本身就是一種素養；「寫出素養」則把寫作當成一種工具、一項能力，把已然獲得的各種素養展現出來。很明顯的，《十二年國教課綱》似乎對「寫出素養」有著更高的期待。

按照我的理解，上述五項中第一、二項直接聯繫到「寫作素養」，而且《十二年國教課綱總綱》建議這個「寫作素養」不以學科知識和技巧為限，得「適應現在生活及面對未來挑戰」，故而不能只學會靜態的規則套路，卻輕忽「生活」的情境性和目標性。第三到五項更多指向如何「寫出素養」，卻絕非棄「寫作素養」於不顧，只是在「寫作素養」上更進一步而已。由於「核心素養」有三大面向，寫作便不能只局限於語文學科裡，徒然畫地自限或顧影自憐，應該成為關懷他人、參與社會，「適應現在生活及面對未來挑戰」的利器，這便是本書所指的「寫出素養」。

民國 107 年 1 月頒布的《十二年國教課綱：語文領域—國語文》中，詳列對應總綱「核心素養」的三大面向九大項目，分別針對國小、國中和高中所表列的「語文領域—國語文核心素養具體內涵」。這個列表的內涵雖然豐富，卻不如各學習階段的學生「學習表現」清晰可操作，因為《十二年國教課綱：語文領域—國語文》是為了培養學生「語文核心素養」，「學習表現」最能展現「核心素養」的精神與面貌。茲表列《十二年國教課綱：語文領域—國語文》的各階段的寫作學習表現如表1-1：

表 1-1　十二年國語文課綱各階段的寫作學習表現

學習階段	學習表現
第一學習階段	6-I-1　根據表達需要，使用常用標點符號。 6-I-2　透過閱讀及觀察，積累寫作材料。 6-I-3　寫出語意完整的句子、主題明確的段落。 6-I-4　使用仿寫、接寫等技巧寫作。 6-I-5　修改文句的錯誤。 6-I-6　培養寫作的興趣。
第二學習階段	6-II-1　根據表達需要，使用各種標點符號。 6-II-2　培養感受力、想像力等寫作基本能力。 6-II-3　學習審題、立意、選材、組織等寫作步驟。 6-II-4　書寫記敘、應用、說明事物的作品。 6-II-5　仿寫童詩。 6-II-6　運用改寫、縮寫、擴寫等技巧寫作。 6-II-7　找出作品的錯誤，並加以修改。 6-II-8　養成寫作習慣。
第三學習階段	6-III-1　根據表達需要，使用適切的標點符號。 6-III-2　培養思考力、聯想力等寫作基本能力。 6-III-3　掌握寫作步驟，寫出表達清楚、段落分明、符合主題的作品。 6-III-4　創作童詩及故事。 6-III-5　書寫說明事理、議論的作品。 6-III-6　練習各種寫作技巧。 6-III-7　修改、潤飾作品內容。 6-III-8　建立適切的寫作態度。
第四學習階段	6-IV-1　善用標點符號，增進情感表達及說服力。 6-IV-2　依據審題、立意、取材、組織、遣詞造句、修改潤飾，寫出結構完整、主旨明確、文辭優美的文章。 6-IV-3　靈活運用仿寫、改寫等技巧，增進寫作能力 6-IV-4　依據需求書寫各類文本。

	6-IV-5	主動創作、自訂題目、闡述見解，並發表自己的作品。
	6-IV-6	運用資訊科技編輯作品，發表個人見解、分享寫作樂趣。
第五學習階段	6-V-1	深化寫作能力，根據生活的需求撰寫各類文本。
	6-V-2	廣泛嘗試各種文體，發表感懷或見解。
	6-V-3	熟練審題、立意、選材、組織等寫作步驟，寫出具說服力及感染力的文章。
	6-V-4	掌握各種文學表現手法，適切地敘寫，關懷當代議題，抒發個人情感，說明知識或議論事理。
	6-V-5	運用各種寫作技巧，反覆推敲、修改以深化作品的內涵層次，提升藝術價值。
	6-V-6	觀摩跨文本、跨文類、跨文化作品，學習多元類型的創作。

　　從表 1-1 不難看出，《十二年國教課綱：語文領域—國語文》各階段寫作「學習表現」的內容，還是偏重寫作的知識與技能。關乎寫作知識的部分，「學習表現」通常要求學生掌握知識後實作，力求知行合一，比如「6-I-4 使用仿寫、接寫等技巧寫作」，讓學生了解「仿寫」和「接寫」是什麼後就開始練習，「6-II-6 運用改寫、縮寫、擴寫等技巧寫作」和「6-IV-3 靈活運用仿寫、改寫等技巧，增進寫作能力」皆是如此；「6-II-3 學習審題、立意、選材、組織等寫作步驟」則是讓學生了解寫作步驟的實用知識，「6-III-3 掌握寫作步驟，寫出表達清楚、段落分明、符合主題的作品。」和「6-IV-2 依據審題、立意、取材、組織、遣詞造句、修改潤飾，寫出結構完整、主旨明確、文辭優美的文章」、「6-V-3 熟練審題、立意、選材、組織等寫作步驟，寫出具說服力及感染力的文章。」，便是要求學生理解寫作步驟的知識後開始練習。

　　顯而易見的，「6-II-4 書寫記敘、應用、說明事物的作品」是建立

在學生熟悉記敘、應用、說明等文體知識下的練習，「6-III-5 書寫說明事理、議論的作品」、「6-IV-4 依據需求書寫各類文本」、「6-V-2 廣泛嘗試各種文體，發表感懷或見解」也是如此。其他文類如「6-II-5 仿寫童詩」、「6-III-4 創作童詩及故事」，甚至涉及跨文本、跨文類、跨文化的如「6-V-6 觀摩跨文本、跨文類、跨文化作品，學習多元類型的創作」，卻只停留在觀摩而已。

各階段寫作學習表現中涉及技巧和能力的更多了，我們不難發現許多行為用語如「使用」、「累積」、「修改」、「掌握」、「發表」、「分享」等，幾乎都是指寫作技能。比如「6-I-1 根據表達需要，使用常用標點符號」、「6-I-2 透過閱讀及觀察，積累寫作材料」、「6-I-3 寫出語意完整的句子、主題明確的段落」、「6-I-5 修改文句的錯誤」、「6-II-2 培養感受力、想像力等寫作基本能力」、「6-III-6 練習各種寫作技巧」、「6-IV-5 主動創作、自訂題目、闡述見解，並發表自己的作品」、「6-V-4 掌握各種文學表現手法，適切地敘寫，關懷當代議題，抒發個人情感，說明知識或議論事理」、「6-V-5 運用各種寫作技巧，反覆推敲、修改以深化作品的內涵層次，提升藝術價值」等皆是。倘若把前述的先知識再練習部分加進來，有關寫作技巧和能力的「學習表現」占九成以上，說穿了，《十二年國教課綱》的寫作「學習表現」就是知識、技巧和能力的展示場。

各階段學習表現的合理性、邏輯性姑且不論，「核心素養」說好的「不以學科知識和技巧為限」呢？還好有「6-III-8 建立適切的寫作態度」一項，但在九成的技巧能力主旋律下，「寫作態度」該怎麼「建立」？什麼態度才算「適切」呢？喜見「6-I-6 培養寫作的興趣」、「6-II-8 養成寫作習慣」和「6-IV-6 運用資訊科技編輯作品，發表個人見解、分享寫作樂趣」等項目，多少還有點「以人為本」的味道，但同樣在九成的技巧能力主旋律下，該怎麼去做呢？能在尊重「個別差異」的前提下，落實「因材施教」嗎？（如「6-V-2 廣泛嘗試各種文體，發表感懷或見解」和「6-V-4 掌握各種文學表現手法，適切地敘寫，關懷當代議題，

抒發個人情感，說明知識或議論事理」，到底是著重各種文體、表現手法，還是強調「以人為本」，很難判斷）。

　　綜合上述分析，《十二年國教課綱：語文領域─國語文》的各階段學習表現明顯強調知識和技巧，尤其偏重技巧的部分，若以「核心素養」來檢視，似乎不太符合「不以學科知識和技巧為限」的期待，「以人為本」的訴求十分隱晦，甚至所謂的「終身學習者」毫無提及，即便包含了「寫作態度」卻語焉不詳。若從「核心素養」的三大面向九大項目來看，似乎非常重視「符號運用與溝通表達」，卻由於過分重視寫作知識和技巧，能否達到「適應現在生活及面對未來挑戰」，令人憂心；「美感素養」與「道德實踐」甚少談及，卻在第五學習階段突然冒出個「提升藝術價值」，不知何義？難道熟練寫作技巧就能「提升藝術價值」嗎？如此敘述太過粗略，先別說「寫作素養」的多寡，顯然想光熟練技巧就能「寫出素養」，只是空談。

　　至於「公民意識」與「多元文化與國際理解」的部分，第五階段的「6-V-6 觀摩跨文本、跨文類、跨文化作品，學習多元類型的創作」應該是最接近的敘述，但該學習表現是讓學生「學習多元類型的創作」，似乎沒有培養「公民意識」或「多元文化與國際理解」的規劃。換言之，該「學習表現」還是只停留在寫作知識和技巧，根本沒觸及透過寫作培養「社會參與」的理念或實務。筆走至此，我很懷疑《十二年國教課綱》頒布後，到底對寫作教學有何新氣象？《十二年國教課綱總綱》的「核心素養」，到底有多少落實在國語文寫作教學之上？

　　因此，「核心素養」下的寫作教學不只該充實學生的「寫作素養」，更得讓學生「寫出素養」，才能真正「適應現在生活及面對未來挑戰」。為了這個目標，寫作教學應該拋開過去包袱，為學生架構一個「以人為本」，而且建立培養「終身學習者」的長期教學計畫，一方面持續強化寫作知識、技巧和態度，另一方面使寫作與生活結合，培養寫作美感素養和道德意識，而且擴充寫作對社會、文化和世界的關懷，讓寫作成為追求與展現生命意義和社會價值的良伴。

第一章
體檢現況與規劃未來

莫名其妙的寫作教學現況

身為語文教育研究人員，常感覺相較於其他語文教學的範疇，寫作教學的現況最令我困惑，可神奇的是，詢問不少同道後，大家似乎習以為常，竟然不覺得有什麼奇怪的。難道有問題的是我嗎？果真如此，自我反省絕對是必須的，所以我便深入研究寫作教學的理論與實務，希望解除困惑。

在參酌許多研究文獻與觀察教學現場後，幾經思考，我發現眼下寫作教學的確有不少令人感到「莫名其妙」的地方。以下羅列幾點提供大家參考，並作為本書的暖身活動。

一、寫作教學沒有長期的規劃

這是第一個讓我覺得不可思議的地方。一般來說，任何教學領域都會設定起點、終點和發展的進程，教學活動因而有明確的方向，過程中不至於有偏頗的可能性，寫作教學不該例外。很遺憾的，我在《十二年國教課綱》的寫作「學習表現」裡，竟看不到因應各「學習階段」的發展進程，相反的，彷彿只有一連串的知識和技巧，以及各文體的寫作嘗試而已。

換言之，作為一個應長期規劃的教學領域，為期十二年的各學習階段間，寫作該有哪些發展性的「學習表現」呢？下一個「學習階段」和前一個「學習階段」的「學習表現」有什麼聯繫？有什麼實質的發展嗎？完成某一「學習階段」後，學生能否清楚知道自己學到了什麼？並以之為基礎，聯繫下一個「學習階段」嗎？這便是我指的「長期規劃」。

在這個原則下，各階段學習表現應是綜合性的、逐步發展的，不該只是寫作知識技巧和文體嘗試的簡單羅列而已，故而《十二年國教課綱：語文領域─國語文》裡看不到寫作教學的長期規劃，實在「莫名其妙」。

坊間的寫作參考書似乎差不多，只條列寫作技巧和文體特色，或是舉些範文寫作說明、設計練習活動等，既看不出學習的進程為何，也沒有學習活動的發展縱深，更談不上學習前後差異的完整描述。彷彿學生完成這些練習就能左右逢源，寫作教學便大功告成，真的是這樣嗎？我可不敢苟同。

另外，近年來有種規劃情境和鎖定讀者，以及喚醒學生創作意識的教學方法，頗令人耳目一新。然而，學生的「學習進程」是什麼呢？我還是看不到這類教學的長期規劃。難道喚起學生的寫作意識、明確情境要求和鎖定讀者需求後，就能畢其功於一役，澈底完成寫作教學了嗎？然後呢？

我認為，寫作教學該是逐步發展的，即使十二年都不算多，需要長期規劃，才能具體落實於學生的寫作行為上。寫作教學的長期發展規劃應該非常明確，有起點、有終點，並彰顯過程中寫作知能的發展軌跡，故而各階段的學習表現應詳細描述，絕非只有知識和技巧的羅列，更不是喚起寫作意識、設定情境和具體化讀者後，就萬事大吉。

畢竟，我們不是想教若干堂綜藝節目式的寫作課，華麗的唬弄一下學生作罷，或興之所致的隨意漫談、交差了事而已，寫作教學是個漫長蓄積且系統漸進的養成過程。試圖頭痛醫頭、腳痛醫腳可不行，而形式主義教學法的蜻蜓點水，看似面面俱到，其實對學生的幫助十分有限，嚴重的還可能打擊學生當下及未來的寫作熱情。

二、寫作教學忽略寫作者（學生）的存在

寫作和說話一樣，都是人們表情達意的手段。因此，「表情達意」中的「情」和「意」是關鍵，怎麼「表」和「達」則是次要的、輔助的，

是協助展現「情」和「意」的工具，沒有獨立存在的價值。相對的，沒有「表」和「達」，多麼真摯感人的「情」和「意」終將黯然失色，所以兩者缺一不可，主從關係卻十分明確，千萬不能本末倒置。

從《十二年國教課綱》來看，寫作教學彷彿是技巧操作和文體嘗試的累積，身為「寫作者」的學生在哪裡？寫作教學不是該鼓勵學生展現自我的嗎？一味追求寫作技巧能兼顧展現自我嗎？多數學生是做不到的。換言之，寫作教學不是該引導學生產出自己的想法，再練習運用寫作技巧錦上添花嗎？為什麼反客為主，甚至為了熟練技巧，刻意隱藏「寫作者」（學生）的存在呢？難怪學生多對寫作沒興趣，覺得寫作和自己無關。

不僅《十二年國教課綱》的「寫作學習表現」如此，坊間不少寫作書強調形式和技巧至上，甚至給學生速成的「套路」，似乎熟練寫作技巧和套路，就能在考場上稱霸。事實恐非如此，僅在寫作形式下功夫，千人一面，沒有深刻的思想作基石，極可能鬧出笑話，很難得到閱卷老師的青睞。更可怕的是後續影響，學生從此認為寫作便是說說假話、騙騙分數的伎倆罷了，除非有必要，碰都不願意碰，更談不上主動寫作，進而成為生活的良伴了。

同時，我又看到另外一個極端，坊間有些寫作書強調喚起寫作意識，讓學生寫出心裡想說的話、想說的故事，這種重視「書寫者」的做法實在很棒！然後呢？喚起寫作意識之後呢？難道寫作技巧就完全棄之不顧嗎？如此雖然避免了「本末倒置」，卻掉入「顧此失彼」的陷阱之中。

前文強調沒有「表」和「達」，真摯感人的「情」和「意」終將黯然失色，寫作教學屬於語文的範疇，並不是心理諮商的領域，不能只讓案主說出自己的想法（或寫出）就好，還得多做一點。語文課程原本有傳遞文化精華的使命，讓學生有東西可寫固然重要，而且得擺在第一位，倘若因而把「怎麼寫」的部分置之不理，顯然只做了半套，這便是我指的「顧此失彼」。

　　或許老師會質疑：「讓學生寫作時展現個性，談何容易！學生根本沒有自己的想法，而且這似乎只適合感性的寫作，知性的大概就行不通了吧！」。大多數老師的確如是想，一旦課堂開寫，學生總要求老師給提示，而且越詳盡越好，所以一直到現在的國中會考寫作測驗題，以及前幾年的大學學測寫作題（「國寫」之前的），總是不變的「引導式寫作」題型。（馬行誼，2016）

　　一想到「引導式寫作」，我腦海中馬上浮現「幼兒學步車」。幼兒獨立步行前少不了它的幫忙，一旦熟練行走，您還讓孩子坐這車嗎？當然不行，繼續依賴下去就麻煩了。「引導式寫作」絕對是過渡期的好方法，一直用下去，恐怕孩子會變成離不開學步車的巨嬰，同樣地，盼望藉「引導式寫作」發展學生的個性寫作，無非是癡心妄想。該怎麼做呢？本書將提出若干可行的建議。

　　知性文章看不出寫作者的「個性」？不至於吧！古今中外社會和自然科學名著是怎麼來的？拋開古代的不說，近代已成經典的盧梭《社會契約論》、亞當斯密的《國富論》和馬克思的《資本論》等社會科學領域的，牛頓的《自然哲學的數學原理》、達爾文的《物種起源》，還有愛因斯坦一連串物理學里程碑性的論文，是屬於自然科學的範疇，更別說國內外百萬冊暢銷書中，知性的題材比重並不低。試問，哪一本沒有書寫者的「個性」呢？書中令人讚服觀點的背後，都是書寫者存在價值的明證，身為讀者的我們絕不會搞混。

　　事實上，學生進入大學和未來職場後，除了有志於文學創作外，平時有機會書寫的大多是知性文章。只要寫作目標清晰、寫作任務明確，若想脫穎而出，不做他人的影子，自然不願意隱沒自己（書寫者）的存在感，因此，誰說知性文章沒有「個性」？！

三、寫作教學根本不在乎個別差異

　　一談到教育，不管哪個領域，重視「個別差異」總是我們必須堅持，而且得拿來作為教學設計的參考依據，否則根本沒臉說自己是個老

師。就像規劃旅遊行程，沒考慮各景點內涵的差異性，卻安排同樣的停留時間，能玩得盡興嗎？重視「個別差異」，就像規劃旅遊行程不能忽略景點的差異性一樣，否則教育理想只能淪為空談。

　　然而，這個從孔子以來就存在的洞見，而且是據以開展「因材施教」行動的常識，卻在寫作教學隱形了。換句話說，倘若現今寫作教學對學生的「個別差異」視而不見，勢必將「因材施教」當作口號，難怪眼下寫作教學大談放諸四海皆準的技法，老師批改文章時只在文法和修辭上責難，大多不太在乎學生到底想表達什麼。

　　寫作教學輕忽「個別差異」，就談不上「因材施教」，那麼，寫作教學還算是教育活動嗎？委實令我感到「莫名奇妙」。這是不對的！寫作教學當然是教育活動，絕對需要重視「個別差異」，同時應開展「因材施教」的行動。大家不做並不代表不該做，現在是時候重新檢視這個「莫名奇妙」的情況了，否則何時才能真正提升每位學生的寫作能力呢？

　　我認為，若想突顯教學上的「個別差異」，老師可以從兩個方面入手：一是尊重學生的想法，老師該做的是引導和激發，讓學生盡情展現自我，而非忽視學生想法且強行規定該寫什麼；二是不草率批評學生的作品，切勿只在乎錯別字多寡和敘述不流暢（不是真不在乎這些，而是看時機的「在乎」），卻忘了學生的寫作問題是系統性的，老師該正視學生「個別差異」的事實，給予個別的、針對性的「因材施教」建議。

　　很遺憾的，無論《十二年國教課綱》或坊間寫作書裡，大多認為掌握技巧或套路就能寫出好文章，學生想法因而被漠視，老師使用同一標準來檢視所有學生的文章（有沒有使用技巧和套路？），繼而朝向公認的「美文」努力。您說這樣算重視「個別差異」嗎？當然不是！當我們試圖用技巧和套路作標準，據以判斷文章的好壞時，尊重學生「個別差異」就只是個笑話。

　　此外，有些寫作書聲稱只靠一種教學法，就能解決學生所有寫作困難，或者宣稱只要熟練修辭技巧、運用典故套路，寫作便無往不利。

您說這可能嗎？我實在很難相信。先別說即使面對同一種教學法，學生體會和實踐的程度有別，就算學成某些寫作技巧，未必能適用所有主題吧！現代傳媒誇張且強力的包裝和宣傳，往往容易使人深陷其中，一旦發現名實不符，卻已空耗光陰，悔之晚矣！教育（材）商品化趨勢顯著，正是吾輩為人師者該警覺的。

更可怕的是，一旦教學法綁架了學生思想，我們還能期待具有個人特色的文章嗎？恐怕很難！甚至若干以考試題目為章節的書籍，執筆老師暢談怎麼審題、立意、謀篇、選材，不僅詳述如何思考，甚至直接幫學生寫出例文。平心而論，我非常佩服他們的寫作能力，卻不贊同這種教法，因為老師的佳作不會轉化為學生的能力，卻明顯否定學生寫作的主體性，澈底無視學生的「個別差異」。這讓我不禁想到工廠標準化生產線上的產品，難道製造出一般無二的文章是寫作教育的目標嗎？實在「莫名其妙」。古人說：「引而不發，躍如也」[1]，或許才是老師們應該效法的吧！

四、寫作教學偏重文學性文本

不管有心還是無意，大多數寫作老師總偏愛「文學性文本」。尤其「仿寫」練習時，或許因個人背景或喜好，老師們鍾意經典美文，評閱作品時常執著於學生用多少寫作技巧和典故、有無華麗詞藻和夢幻意象，卻對文章裡到底寫了什麼，不太在意。

曾有學者質疑此乃妄圖把學生培養成文學家，並強調這不該是中小學的寫作教育目標。我不敢苟同，因為我相信古今中外文學家不會這麼做，也不曾被如此培養過。在我看來，上述要求不過是語文遊戲罷了，

---

[1] 該句出自《孟子·盡心》，主要說明善於教射箭的老師會讓弟子在旁觀摩，老師拉弓瞄準靶心卻不發箭，是想讓弟子觀摩拉弓的姿勢技巧，以及射箭該有的專注氣勢，萬不會只想一箭中的，獲得弟子喝采而已。因為老師的射術再好，不代表學生就能一樣好，但射箭過程的仔細示範講解，卻是提高弟子們箭術的關鍵因素。

或是為了滿足老師們的修辭癖、文學夢而已，竟然成為寫作教學的目標？著實不可思議。

就算為了培養未來文學家或專業作家，老師不該執著於學生用了什麼寫作技巧和典故、有無華麗詞藻和夢幻意象，因為偉大作家從來不靠這些成名，相較於文章中豐富內涵和雋永啟發，任何高超的修辭和技巧只能是配角。您不認同？請您回想一下，過去印象深刻的文學作品中，您記得的是文章寫些什麼，還是怎麼寫呢？我想應該是前者吧！

或許有老師說：「這樣我們才能看出學生有沒有學以致用啊！」，是這樣的嗎？如果教學只停留在低層次、形而下的技巧上，先別說學生厭惡寫作的心態難以改善，以後若想看到好作品勢必更加困難。

更何況寫作教學不該只重視文學性文本，而是兼顧各種類型才對吧！為學生未來著想，我認為刻意偏重「應用性文本」亦無可厚非，畢竟大部分學生以後不從事文學創作，多充實生活常用的更重要些。理由無他，寫作本是生活的一部分，不只為了表情達意，它更是學習的必備工具，溝通的手段和傳播的利器。中小學長達十二年的求學生涯後，學生還得靠寫作去因應大學的學習情境，以及未來幾十年的職場考驗，假如學生只有「文學性文本」的寫作素養，怎能面對未來的艱鉅挑戰呢？

所幸《十二年國教課綱》的寫作學習表現裡，曾提及各種文體、文本的練習，如應用性、說明性和議論性文章多次出現。但是，其中涉及的技巧如仿寫、接寫、擴寫、縮寫、改寫等，以及審題、立意、取材、組織、遣詞造句等歷程，卻多是籠統敘述或偏文學性文本，學生能因而熟悉並掌握「應用性文本」的寫作嗎？令人懷疑。坊間寫作書有關「應用性文本」的介紹和練習，更是少得可憐，不免讓人覺得「莫名其妙」。

或許，老師們偏重「文學性文本」的現象並非偶然，亦不純然是他們的修辭癖、文學夢而已，國語文教科書的選文得負很大責任，同樣的，社會大眾對寫作就是寫「文學性文本」的偏見，同樣難辭其咎。或許他們永遠不相信「說明性文本」、「議論性文本」或「應用性文本」

的價值可能高於「文學性文本」，偏執者甚至認為前三種文本根本不算文章，委實令人氣結。但話說回來，是誰讓他們有這些偏見的呢？恐怕還是來自學校教育吧！

　　表面上看，我建議放棄偏重「文學性文本」，似乎只是鼓吹多幾種寫作類型而已，事實卻非如此，一旦我們願意嘗試多元性文本時，寫作教學立刻得到解放。換言之，諸如「誰來寫？」、「寫什麼？」、「何時寫？」、「在哪裡寫？」、「寫給誰？」、「造成什麼影響？」等議題，馬上擁有更深廣、多元、彈性的發展空間。

　　承上所述，一旦我們希望突顯學生的寫作主體性，而且盼望寫作教學貫徹「個別差異」的理念，並在「因材施教」的行動上看到效果，多元性文本的寫作練習是個十分必要的前提。

五、寫作教師的角色權威呆板

　　據我觀察，寫作教師的角色大該分成兩種：一種是知識型的，堅信傳授學生各種寫作知識（比如各文體的特色、範文賞析、文法章法等），就算是完美的寫作教學；另一種是技巧型的，強調只要訓練學生掌握寫作技巧（比如起承轉合、文章的開頭結尾、修辭手法等），寫作不過信手捻來，絕對沒有任何困難。

　　這兩類教師各有堅持，寸土不讓，而且由來已久，然而，眼見學生的寫作能力日趨貧乏，少數老師便開始質疑傳統，創新寫作教學理念迭出。原因無他，近幾十年來國內學生寫作能力低落的現象，不難從國中會考和大學學測的零分人數，以及佔絕大比例的中級分學生數可見一斑。難道老師們看不到這些嗎？為什麼還堅持只教授寫作知識和技巧呢？

　　近年來已有寫作教師警覺光充實知識和技巧，很難提升學生的寫作表現，便改採引導的方式，試圖提高學生的寫作意識和熱情，讓他們寫出心中所思所想。這時，寫作老師不再是權威的知識技巧傳授者，而是引發寫作興趣和熱情的陪伴者、帶領者。

　　我非常贊同激發寫作意識和熱情的教學方法，這是寫作教學很好的起點，可是站在語文教育的立場看，心理學式的自我闡述畢竟較為偏狹，能引發的寫作敘述視角有限，需要持續拓展。尤有進者，老師更得注意寫作技巧的強化，否則過猶不及，好不容易寫出自我抒發性的文字，卻讓人難以理解，可能比光重視技巧的學生表現得更糟，那就慘了。

　　我還觀察到一個現象，就像許多教閱讀的老師不閱讀一樣，寫作老師很少有寫作的習慣，這是個「莫名其妙」的情況。寫作老師往往面對學生時權威感十足，權威的理由卻是比學生多知道了點知識和技巧，如果真是這樣，寫作老師的存在價值還不如一本詳實的寫作技巧書呢！

　　大家千萬別誤會，我不是暗示作家才能教寫作，實際上有許多教學成功的老師並不是專職作家，反而時下若干作家提出的寫作教學法，讓人噴飯。但我堅信，如果老師養成寫作的習慣，「教寫相長」，絕對有助於激發教學熱情和深化實務建議，這是無庸置疑的。

　　寫作老師的可貴往往在於以身作則，既能分享寫作的感動，還在引導寫作過程中，以過來人的經驗同理寫作困難，並設身處地給學生更多切實可用的好建議。倘若寫作老師自己不寫作，怎能做到這些呢？如果做不到，又怎能算是個稱職的教師呢？實在「莫名其妙」！

　　我必須承認寫作老師是辛苦的，而且非常辛苦，但辛苦的原因不是批改堆積如山的作文簿，而是引導一個個逐漸成長茁壯的寫作心靈。換言之，尊重「個別差異」到「因材施教」的過程中，耗費的心力遠比在作文簿上改幾個錯字、畫幾個圈圈，或寫上幾句評語更有挑戰性。假如做不到，學生的寫作真能有所進步嗎？我很懷疑。

　　正因為辛苦，我知道不少老師根本不教，就讓孩子直接動筆寫，能應付學校每學期該交的篇數就好；或是為了考試，寫作補習班給些套路，惡補迅速形成美文的秘訣，能得到高分最重要⋯⋯。凡此種種，都是因為老師認真教學真的很累，現實又不得不面對，揠苗助長的做法便紛紛出爐，只要能應付當下的困境即可，卻不知因而帶來無窮無盡的惡

果。

　　本書中，您會看到非常不同於傳統的寫作教學模式，甚至可能顛覆您對寫作教學的認知。但我不會違心的告訴您：「只要照我說的做，您便可以輕鬆愉快地教寫作，學生的寫作表現必將直線上升。」學習要付出努力和代價才能有所收穫，教學又何嘗不是如此呢？寫作的教和學亦同，根本沒有捷徑可走，更別說有一步登天的竅門了，這是我想特別強調的。

　　討論上述幾個寫作教學的「莫名其妙」後，我期許：能不能有個長期的寫作教學規劃？其中有明確的發展進程，讓學生在每個「學習階段」得到扎實的學習呢？寫作教學能不能突顯創作主體（學生），別再用知識和技巧扼殺活生生的寫作者？可不可以把寫作技巧拿來輔助呈現寫作者的想法，不要反客為主呢？

　　能不能尊重學生的「個別差異」，寫作教學一開始就讓他們暢所欲言，再針對其作品給予相應的建議呢？能不能讓學生嘗試各種類型的文本，而非僅專注於「文學性文本」，並且在日常生活中搭建寫作教學的舞臺呢？寫作老師能不能正視現實，嘗試不一樣的教學理念和實務，兼具內容與形式，並且以身作則，將寫作變成生活的一部分呢？

「好文章」的標準從哪來？

　　「好文章」的標準是什麼？每個人有自己的答案，青菜蘿蔔，各有所好。不把故事、小說和詩歌列入考慮，只談散文的話，或許這個標準就有些共識了吧！我們不妨想想，一篇文章能入大家法眼，而且給一個「好！」的評價，好的標準是怎麼來的呢？當我們認定「好文章」該是什麼樣子，就會拿它來教給學生，希望他們能寫出這樣的「好文章」。既然「好文章」的標準足以左右教學，您有沒有想過標準從何而來？它對寫作教學有什麼意義呢？

　　是我們自己訂的嗎？應該不是，我認為至少一開始是老師給的，從

小到大不斷灌輸洗腦下的結果。您不相信？不妨試著回憶一下吧！能說出來的，幾乎都是中小學老師教的，當然，若您過於早慧，從小立志成為文藝愛好者、專業作家或文學評論家，就不在此列。

長大之後，為了應付考試，我們得接受另一套「好文章」的標準，即為寫作測驗的給分標準。這套標準有時是我們主動去研究的，學校老師當然也會積極詮釋，補習班老師則信誓旦旦的強調，無論如何，為了獲得高分，我們不得不全盤接受，萬不敢稍有違逆。

日常生活和職業場合裡，我們似乎同時接受另一套「好文章」的標準，和寫作測驗的那套不同，不管是電子郵件、LINE 的訊息或「臉書」文章，還有發憤成為網路寫手的，多有一套讓瀏覽人數暴增的訣竅，至於職場上常書寫的簽呈、書函、企畫書、報告書等，不管約定或是俗成，絕對有種種「好文章」的標準和規則可以遵循。

此外，尚有一群勤於筆耕的人，畢生努力不懈地自我精進，他們遵循的又是另一套「好文章」的標準，而且個性極強，甚至特立獨行，不願隨波逐流。他們可能因而獲得各方美譽，也不乏一輩子不見容於世，沒沒無聞的，無論如何卻初衷未改。

一、中小學老師給的「好文章」標準

不管文言或白話，老師講解課文時總不斷叮嚀文章好在哪裡，希望我們不要遺漏文章中的任何精彩，假如您上課不是太混，應該不難回憶。您回憶起來了？很好！我想接著問：「老師上課時，是文章內容講得多，還是技巧講得多呢？」，倘若讓我來回答，無疑是寫作技巧講得更多些，您同意嗎？

說來也算正常，小學國語課文幾乎是白話文，文意淺白不太需要講解內容，學生自己看得懂，所以老師比較偏重生字新詞、句型結構，對了！還有文法修辭、文體特性等環節，或許這些比較容易拿來當考題吧！此外，近幾年由於國際閱讀評比 PIRLS 和 PISA 風行，各版本小學國語教師手冊都有「提取訊息」、「推論訊息」、「詮釋整合」、「比

較評估」等活動設計，是屬於「內容深究」的部分。但，嚴格上說「深究」的不是文章「內容」，而是藉文章內容引發的思辨活動。

更重要的是，有沒有思辨性的活動，並不是判斷一篇「好文章」的標準，因爲它們是外加的，爲的是達成某些教學目標（提升學生的閱讀思辨能力），未必（或不必）是文章寫作者的創作初衷。

到了國、高中，白話課文即使字數增加，內容卻不難理解，咱們姑且存而不論，文言文卻多了起來（或許由於政治社會因素，未來將越來越少！）。正因爲是艱澀的文言，老師便花更多精神在字詞句的解釋梳理上，以及用大力氣把文言特殊的文法修辭、體裁特性說清楚、講明白。至於文章內容講了啥，通常只是順帶一提，反正課文前的「題解」和「作者」已經交代清楚，教文言的字詞句和寫作技巧時總會提到，沒必要專門去強調。

這時或許有老師沒好氣的說：「文句解釋清楚了，學生自然知道內容是什麼，還有什麼好講的呢？」，這意味著老師不認爲需要花時間講文章內容，反正學生自然看得懂，又不是文盲或外國人！

就這樣，中、小學老師們灌輸的「好文章」標準，便是作者一連串令人讚嘆的遣字用詞能力、花團錦簇的修辭技巧，以及巧奪天工的章法布局等。「好文章」涵蓋了天才古人的傑作，或是優秀今人的天工，其境界遙不可及，我們只能把它們放在供桌上瞻仰，最大的敬意就是一字不漏地背起來。

和我們有什麼關係？有啊！瞻仰嘛！偶而能朗誦幾句，公眾場合充當個假文青也不賴。討論他們文章的得失？別鬧了！「得」的部分老師上課早說過了，「失」根本不存在。寫得和他們一樣？怎麼可能！他們是天才，怎是我們這些凡夫俗子所能企及的！

有趣的是，儘管中小學老師花大部分時間講寫作知識和技巧，不太在意文章內容，幾年後，當您回想起某篇文章時，卻只對學過的文章內容印象深刻，至於寫作知識和技巧，恐怕早還給老師了吧！

譬如國中有沈復的〈兒時記趣〉一文，您大概記得的是「忽有龐

然大物，拔山倒樹而來，蓋一癩蝦蟆也。」的誇張描寫，又忘不掉令人發噱的「鞭數十，驅之別院。」等小孩子的無聊行為。這篇文章用了什麼寫作技巧？施展了什麼特殊修辭手法？我保證，老師以前上課一定講過，搞不好還考過，但和我說這些您都記得嘞！

另一篇經典文章〈五柳先生傳〉也是，您大該記得「好讀書，不求甚解，每有會意，便欣然忘食。」的灑脫形象，偶而還會借用「不求甚解」來為自己的小懶散開脫。另外，您絕不會忘記「造飲輒盡，期在必醉，既醉而退，曾不吝情去留。」的豪邁身影，以及五柳先生「環堵蕭然，不蔽風日，短褐穿結，簞瓢屢空。」的超低收入戶慘樣。我相信，您現在或許有能力立刻分析該文的寫作技巧，卻多非當年國文老師曾講授過的，即使努力回想也很難吧！文言文是這樣，白話文恐怕更是如此。

奇怪，為什麼會這樣呢？當年您接受老師的諄諄教誨，而且拿它考過高分的，卻不是如今的主要回憶？而您現在印象深刻的，卻是當年老師輕輕帶過，不願意花時間講的文章內容，怎麼會這樣？

我可以做一個簡單的結論了。中小學老師給您的「好文章」標準，的確已經深深刻印在您的腦中，而且成功地讓您深信寫篇「好文章」是很難的事，歷史上知名文學家不是凡人，現在的也是。從此，身為凡人的您視寫文章為畏途，萬萬不敢相信自己能寫出好文章了。

然而，您印象中的「好文章」記憶，甚至可以朗朗上口拿來用的，卻又不是老師教的那套，真是不可思議！這大概可以解釋為您自己有一套判斷「好文章」的標準。您過去不曾反對老師的，卻隨著年月增長產生自己的標準，而且是以文章內容作為判斷依據的，並非寫作知識和技巧。

關於這一點，曾經身為學生的我們是有愧的，把老師教的悉數奉還，這卻對建立自己的「好文章」標準而言，不一定是壞事。若能因而擺脫老師長期套在我們身上的枷鎖，進而相信自己必能寫出好文章，而且堅持文章內容先於形式的話，就絕對是個大大的好消息了。

二、入學考試訂的寫作測驗評分標準

　　除了中小學老師灌輸的「好文章」標準外，我們接收的第二種標準是寫作測驗的給分標準，尤其是入學考試的寫作測驗，帶來的影響最大。然而，與前一種標準不同，寫作測驗給分標準是明列的評分項目，不是老師透過講解文章寫作知識和技巧傳遞的。

　　「國中教育會考」的「寫作測驗評分規準」（國立臺灣師範大學心理與教育測驗研究與發展中心，2014），我們以最高的六級分為例，其「規準」的評分項目和內容是：

1.立意取材：能依據題目與主旨選取適切材料，並能進一步闡述說明，以突顯文章的主旨。

2.結構組織：文章結構完整，脈絡分明，內容前後連貫。

3.遣詞造句：能精確選用語詞，並有效運用各種句型使文句流暢。

4.錯別字、格式與標點符號：幾乎沒有錯別字，格式、標點符號運用上的錯誤。

　　從評分項目來看，1.屬於文章內容，2.、3.、4.則比較偏向文章形式，關乎寫作知識與技巧。乍看之下，這樣分項似乎意味著寫作測驗的「好文章」標準裡，文章內容的比重只有四分之一，文章形式佔四分之三，換言之，文章形式的重要性是內容的三倍，寫作知識與技巧的重要性，遠遠高於寫什麼樣的內容。

　　又來了！中、小學老師講解課文集中於知識與技巧，怎麼寫作測驗評分項目還是強調這些呢？難道「好文章」非得這麼界定嗎？吾人閱讀和寫作文章時，一定得把焦點放在知識和技巧之上嗎？

　　光看「寫作測驗評分項目」，很容易被誤導，倘若仔細閱讀六級分樣卷的評語後，可發現事實並非如此。109 年國中會考寫作測驗的「六級分樣卷暨樣卷說明之一」[2]，卷尾「樣卷說明」是這樣的：

1.能依據題旨選取適切材料，點出「開設樂齡童裝店」之主題後，

2　請參閱「國中教育會考」網站 https://cap.rcpet.edu.tw/writing/109_6A_1.pdf。

描繪記憶中為兒女、為一家生計、因移情孫女而不斷製作童裝的祖母，乃至失智後仍不忘裁製童裝方法，拼貼出祖母手製童裝中所蘊藏的偉大親情，彰顯商品價值。文末並以景帶情，敘寫祖孫約定，抒發童裝店所蘊含的濃郁親情，能進一步闡述說明，以突顯文章主旨。

2. 文章結構完整，脈絡分明。

3. 能精確使用語詞，善用摹寫、比喻、映襯等修辭，並有效運用各種句型使文句流暢。

4. 有錯別字。

　　這份「樣卷說明」中有關「立意取材」的敘述篇幅極大，幾乎把文章內容的可貴處展露無遺，其他的「組織結構」、「遣詞造句」、「錯別字、格式與標點符號」三項，就算沒有抽象攏統的「八字箴言」（如「結構完整，脈絡分明」），也只客觀地道出「有什麼？」、「用了沒？」和「錯沒錯？」而已。事實上，這份「樣卷說明」並非特例，其他的大都如此。由此可見，閱卷老師還是比較關注文章的內容，對知識和技巧的重視度不算高，只要符合基本要求即可。

　　大學學測的「國寫」（即「國語文寫作能力測驗」）中，「知性的統整判斷」題 A 級分的要求是「能精確掌握題旨，善用各種材料加以拓展發揮，深刻思考，論述明確，結構嚴謹，文辭暢達。」（大學入學考試中心，2016），其中涉及文章內容的是前四項，後兩項則是文章形式，內容與形式雖不偏廢，「知性的統整判斷」題明顯內容重於形式的要求，非常務實。

　　另一種「情意的感受抒發」題，A 級分的要求是「能精確掌握題旨，發揮想像，構思巧妙，體悟深刻，結構完整，情辭動人。」，原本我以為「抒情性」寫作題的評分，很容易執著於文詞華美、繁複修辭，想不到前四項仍屬於文章內容，涉及文章形式的只有後兩項，內容與形式兩不偏廢，「國寫」的「情意的感受抒發」題突顯內容重於形式，令人讚賞。

　　人們常說「考試領導教學」，殊不知「考試更主導學習」，為了得到高分，學生們自然投閱卷老師之所好，無可厚非。然而，國中會考「寫作測驗評分項目」容易讓人誤會，彷彿寫作形式重於文章內容，倘若因而導致學生搞錯努力方向，就非常糟糕了，還好「樣卷說明」扭轉過來，免得造成誤解。此外，「國寫」兩種讀寫題中，A級分要求內容與形式不偏廢，又強調內容重於形式，便是很棒的學習標的。

　　兩種入學考試的寫作測驗都表明，內容比形式更重要，與其花時間在賣弄寫作知識和技巧上，不如提升自我，旁徵博引，在文章內容裡下功夫才有意義。既然如此，為什麼坊間還有那麼多寫作書捨本逐末呢？難道他們想讓學生名落孫山嗎？當然不是，只因形式訓練收效快速，蠻唬人的；沒有充實內容時，至少有個不錯的花架子……。但是，這麼做或許可以臨時抱佛腳，僥倖撈點分數，卻絕不是長久之計。

三、生活與職場中的「好文章」標準

　　從小學開始，老師就告訴我們怎麼寫日記、便條、書信和心得報告，並且設計不少練習（教科書幾乎都有），讓我們有實作的機會。國、高中又要求每周寫週記，大學之後，中文系的「應用文」課程包括各式公文的格式與習作，乃從事公職或一般企業員工都得上手的東西。

　　除了中文系課程外，大學的「通識教育」也為學生開設寫作課程，正如我校國立臺中教育大學的大一共同課程「中文閱讀及表達」，教學用書裡就有「正式計畫書」的格式練習（劉君珏、彭雅玲、楊裕貿主編，2020），其項目如下：

1. 封面（包括：計畫名稱及撰寫人員姓名或單位）
2. 目錄
3. 緣起或目的（包括：計畫說明或是現況分析）
4. 內容（實施策略的擬定，包括整個計畫執行的主要內容與規劃）
5. 工作進度表（包括：計畫的實施步驟、日程）
6. 團隊（包括：組織架構表或人力分配表）

7. 預算表

8. 評估（包括：預估風險或效果確認）

9. 附件（包括：參考文獻資料、計畫實行的相關資料、圖表）

除了「計畫書」外，還有「筆記」、「書信」、「簡報」、「自傳」等的習作說明與實例。到了研究所階段，我們就得寫研究計畫和論文，不管 APA 或 MLA 的格式，想畢業就得照規定寫。就這樣，這些學校和職場的「好文章」標準，我們很早就知道了，而且必須照著規定練習。

離開學校後，像是日記、週記等，大概很少人會繼續寫，這年頭嚴謹格式的便條、書信幾乎沒人會用，甚至只要研究所畢了業，除非繼續留在研究機構或大專校院，先別說對推陳出新的研究規範早已陌生，我們恐怕連論文寫作的邏輯和格式，都迅速打包還給老師了吧！

請回想一下，進入大學後接受的寫作訓練，是不是和中小學老師給我們的，以及寫作測驗評分項目的很不一樣？如果我們還拿著中小學或寫作測驗的「好文章」標準去應付，下場恐怕很慘！

相較之下，短文寫作則以另一種形式風行，佔現代生活很大部分，便是通訊軟體 LINE 和 WeChat 裡的即時訊息，影響所及，甚至連 E-mail、FB 已乏人問津了。與先前的學習經驗對照，由於此類訊息是即時的，便條和書信的嚴謹格式根本沒人在意，反正傳訊雙方十分明確，能把意思表達清楚最重要。與此同時，各種網路用語卻紛紛出爐，不同世代間的差異性非常明顯[3]，換個人或不同世代來讀，恐怕會一片茫然吧！

離開學校後能留下來的，大概只有心得報告了吧！可惜寫作場域已從課堂作業變成職場業務，報告內容從見聞分享變成專案分析和市場評

---

[3] 比如 Youtube 的街頭專訪，題名為「Z 世代和 E 世代到底差多少？『壓馬路』、『香蕉你個芭樂』到底是什麼意思？【你跟得上時代嗎】西門町街訪」(https://www.youtube.com/watch?v=mknJM8paUYw)，內容非常有趣，可以從中看出不同世代和網路用語的差距，以及時下各年齡層人們的反應。

估，這幾乎成爲大部份上班族的夢魘。還好有市場就有產品，各種教導上班族如何精準有效撰寫專案報告和企劃的書籍，在暢銷書單裡隨處可見。

網路時代來臨，似乎可以同時滿足生活和職場寫作的需求，像是仍然受歡迎的「部落格」（blog），它可以是個人的心情園地、隨想手記，也可以化身一變成爲迅速紅火的事業，日進斗金並非難事。另外如「臉書」、「推特」和「微博」等社交平臺，一樣可以兼顧展現自我、開拓事業兩方面的需求。慢慢地，專題論壇和交流平臺越來越普及，網路寫手們累積的財富不亞於暢銷書作家，其影響力更非紙本書籍可比。

一篇網路文章是否熱門，從瀏覽總數可以判斷出來，這就是「好文章」的標準，但網路文章數何止億萬，怎麼吸引讀者目光，就成爲網路寫手們的課題了。大陸知名網路寫手和講師弼左羅，在近作《大人的11堂寫作課》中提到「選題—標題—素材—結構—成稿」五種能力（弼左羅，2020），其中的「策畫優質選題」的五大技巧是：（pp81-88）

1. 選題要戳中普遍痛點
2. 選題要引發讀者共鳴
3. 選題要製造身分認同
4. 選題要借用熱點賦能
5. 選題要多面向提供新知

　　吸引讀者目光的「擬標題」五個核心技巧是：（pp104-108）

1. 激發好奇心
2. 激發認同感
3. 激發危機感
4. 展示回報值
5. 展示新聞點

作爲成功的網路寫手，弼左羅深黯網友的閱讀口味，並投其所好。我們仔細觀察一下便知，他的成功並非「文學性文本」寫作，難怪他認爲的「到底怎樣才算好文章？」，便包括「提供新知，創造價值」、

「訊息量大且密度高」、「邏輯性強，論證精彩」、「真誠溝通，不說教不輕佻」等條件（pp36-44）。

　　我常常在想，中小學或寫作測驗的「好文章」標準，大概只適合小一到高三共十二年的歲月，進入大學研究所後，就不再是「好文章」了。同樣地，大學、研究所畢業後，那些符合學術規範的「好文章」就用不著，因為接下來幾十年不管是生活的網誌隨筆，或是職場的應用寫作，「好文章」標準又為之一變。這些雖然與中小學的、寫作測驗的、學術性的迥然不同，卻將陪伴我們未來幾十年之久，假如希望學生養成寫作習慣，成為「終身學習者」，卻將網路寫作和應用寫作的「好文章」標準棄之不顧，您覺得合理嗎？

四、自我磨練訂下的「好文章」標準

　　除了上述三種「好文章」的標準，我認為還有最珍貴的一種，是真正寫作贏家所擁有的特質，也是寫作教學的終極追求。如能達到這種標準，期待中的寫作教學該如何有效操作、如何引發學生的熱情、如何規劃寫作教學的進程，以及延續學生終生寫作的習慣等目標和境界，才有澈底落實的一天。

　　該從哪裡得知這種「好文章」的標準呢？其實遍及各行各業、各種領域的菁英們不懈的貢獻智慧，讓讀者如沐春風的每一刻，都是明證。可惜的是，他們或許不自覺寫作有何特殊性，認為它只是傳遞思想的工具而已，所以往往「知其然，不知其所以然」。假如我們想就寫作論寫作，儘管不願局限於文學性寫作，卻還是得回到優秀作家的語錄找答案，因為他們最常自覺的反省「寫作」這回事，往往對寫作教學有所啟發。

　　具體而言，文學大師追求什麼呢？（自然是「好文章」的標準），直到我讀了《寫作的秘密—寫不出好故事？向百位真正的大師取經吧！》書中優秀作家們的語錄後（Wolff, J 著、劉曉樺譯，2012），才有較為清晰的輪廓。

我們都曾讀過的《金銀島》，作者羅伯特‧史蒂文生表示：

> 風格是一名大師特有的專屬印記，不過對於那些並不冀望
> 有天能與巨擘齊名的學生們而言，這仍是一項可熟能生巧
> 的特色。喜好、才智、創意力、感知神秘或色彩的能力，
> 這些是在我們一出生就分配好的，無法學習，也無法被激
> 發。但靈活且準確地運用自己所擁有的特質，知道哪些該
> 用得多、哪些該用得少，去蕪存菁，並且從頭到尾維持一
> 致連貫性—這些結合起來便能成為完美的技巧，而且在某
> 種程度上，只要你有堅持的勇氣，是可以透過勤勉與知識
> 習得的……。（p205）

沒錯！「風格」是一位大師的標記，雖然史蒂文生認為是一出生就
分配好的，無法學習，也無法被激發，但落到形而下的技巧層面，「只
要你有堅持的勇氣，是可以透過勤勉與知識習得的」。我們不必成為文
學大師，卻可以擁有自己的寫作「風格」，而且絕對是可以習得的，無
關天賦。可是，它並非唾手可得，甚至可能被誤解、嗤之以鼻的，所以
瑞蒙‧錢德勒說：

> 在文學作品中，最歷久不衰的一項要素就是風格，而風格
> 是作者可以透過時間得到最寶貴的一項資產。它的回報來
> 得很慢，你的經紀人對它嗤之以鼻、出版商會誤解它，而
> 你必須仰賴那些你聽也沒聽說過的陌生人，以非常緩慢的
> 速度說服他們。但是將自己特色放進作品中的作者，有朝
> 一日必定會成功。（p239）

雖然個人的「風格」得之不易，或許不被大眾所認同，堅持下去卻
總有成功的一天。文學大師的堅持並非想要成功，而是不得不去做，非

做不可。埃利・維瑟爾的解釋是：

> 如今，在過去多年後，我終於了解書的命運和人類沒有不
> 同：它們有些帶來歡笑、有些帶來痛苦，但你必須抗拒拋開
> 紙筆的衝動。畢竟，真正的作家即使知道作品出版的機率
> 微乎其微，也不會就此輟筆放棄。他們寫，是因為無法不
> 寫。就像卡夫卡的信差，他秘密得知一個可怕又迫切的真
> 相，儘管沒有人願意相信，但他卻無法置之不理。（p244）

　　這種「他們寫，是因為無法不寫」的狀態，正如驚悚小說大師愛
倫・坡提到的「我在喜悅與悲傷中寫作。我在飢餓與乾渴中寫作。我在
好日子與壞日子中寫作。我在陽光與月光中寫作。我寫了什麼無須多
言。」，活著就要寫，或許可以說只要寫就證明還活著，這可不只是陰
鬱的愛倫・坡個人寫照，成名的文學巨擘大多有這樣的傾向。
　　安德烈・埃斯曼（Andr'e Aciman）曾在《紐約時報》發表過一篇
名為〈一位文人朝聖者向昔日邁進〉的小文章，我讀了十分震撼，茲節
錄部分內容如下：（John Darnton 編、戴琬真譯，2004）

> 為了要給我的生命一個形式、一個故事、一個紀年，所以
> 我寫作；而且，為了好看，我把鬆散的尾巴用韻律的散文彌
> 封了起來，在缺乏光澤的事物上綴上亮片。為了將觸角伸
> 出這個真實的世界，所以我寫作。即便我知道寫作是為了
> 逃離這個過分真實的世界，這個永遠不如我想像那般短暫
> 的、矛盾的世界，結局的時候，這個世界已經不再是，或
> 者從來也不是我喜歡的那個世界，只剩下書寫本身而已。
> 我藉著寫作來了解我的身分，我藉著寫作給自己偷溜的機
> 會。我寫作因為我總是和這個世界有些疏離，但卻又已經
> 喜歡上訴說這疏離。（p18）

　　為了證明自己的存在而寫作不難理解，但寫作是為了「逃離這個過分真實的世界」，就值得吾人深思了。埃斯曼確定書寫的世界才是自己喜歡的，所以即使他用寫作來疏離這個世界，卻又喜歡上訴說這個疏離感。很哲學吧？！其實每個文學家都有自己的寫作哲學，表現在文字上就是個人獨特的風格（「美」）。

　　說到這裡，可能有人說：「這些都是西方文學大師的想法，咱們的文學傳統也是這樣嗎？」，當然是這樣，接下來我就從柳宗元的〈答韋中立論師道書〉一文中找線索。韋中立想拜柳宗元為師，柳回信表達感謝及憂慮，並提出自己創作的歷程和原則。我認為，書信的前幾段可忽略不計，柳宗元自己創作歷程和原則的表白，完全可以看出他心目中「好文章」的標準，及其一生為追求該標準所做的努力。為了方便說明，我把柳文的重點歸納如下：

1. 一開始寫作追求辭藻華美（形式），悔悟後改為闡明真理（內容）。[4]
2. 在寫作的態度和文筆上不敢隨意（形式），以免昏昧墮落（內容）。[5]
3. 各種寫作技巧的運用（形式），都是為了更好的闡述真理（內容）。[6]
4. 借重儒家經典充實文章內容，參考各家作品學習寫作的技巧。[7]

　　從柳宗元的寫作歷程和原則可看出，他堅信文章內容重於形式、形式是為內容服務的。尤其令人感佩的是，在內容形式兩不偏廢的前提下，他不斷地從古代經典中汲取養分，不管「取道」或「為文」，都有

---

[4] 原文為：「始吾幼且少，為文章，以辭為工。及長，乃知文者以明道，是固不苟為炳炳烺烺，務采色，夸聲音而以為能也。」

[5] 原文為：「故吾每為文，未嘗敢以輕心掉之，懼其剽而不留也；未嘗敢以怠心易之，懼其弛而不嚴也；未嘗敢以昏氣出之，懼其昧沒而雜也；未嘗敢以矜氣作之，懼其偃蹇而驕也。」

[6] 原文為：「抑之欲其奧，揚之欲其明，疏之欲其通，廉之欲其節；激而發之欲其清，固而存之欲其重，此吾所以羽翼夫道也。」

[7] 原文為：「本之《書》以求其質，本之《詩》以求其恆，本之《禮》以求其宜，本之《春秋》以求其斷，本之《易》以求其動：此吾所以取道之原也。參之《穀梁氏》以厲其氣，參之《孟》、《荀》以暢其支，參之《莊》、《老》以肆其端，參之《國語》以博其趣，參之《離騷》以致其幽，參之《太史公》以著其潔：此吾所以旁推交通，而以為之文也。」

明確的追求目標和理想。如今我們寫作自然不必盡然「取道」於儒家思想，「爲文」的楷模唾手可得，對寫作的嚴謹態度和理想境界的追求，卻可向柳宗元學習，無論文學性寫作，或應用性寫作、網路寫作等途徑皆是。

筆走至此，我認爲讀寫教育的終極目標如同尼采的「查拉圖斯特拉」一樣，無論是認爲塵世陰暗想上山迎向光明，還是體會光明沒有陰暗對比無意義，毅然下山投入黑暗，一路走來初衷不改，黑暗和光明都有其意義。讀寫教育也是如此，老師該始終呵護和鼓勵學生的初衷，堅持往更好的方向前進，隨著生命的增長，從左右尋覓、上下求索中，逐步找到自己心中的桃花源，並投入編造和養護夢想的行動之中。

在這樣的前提下，文章長短已經不是重點，修辭和技巧多寡不須執著，符合起承轉合與否不必強求，只要達成寫作的目標、傳播的任務，甚至是迎合學習需要和研究訴求，在文從字順、條理明暢的基本要求下，都是「好文章」的標準。學生符合「好文章」的標準後，還能繼續以寫作爲樂，並走出自己的寫作風格，或許那時我們才能同意寫作教育眞的成功了。

老師能教導寫作的素養嗎？

自從人們意識到寫作的價值後，它就變成重點培養的語文技能之一，專家學者和第一線教師們挖空心思，設計出五花八門的教材與教學活動，希望學生熟悉各種寫作技能。然而，不管古今中外，再怎麼優秀的教材和教法皆難以保證學生成功，更別說使其全然掌握教材和教法的精髓了。

或許可以這麼說，雖然無法判定教材和教法的良窳，是否與學生寫作成功率呈反比，卻很難直接用「正比」作結。因爲更多現況是，即使優秀的教材和教法推陳出新，學生作品總無法讓人滿意，更尷尬的是，美國的中小學老師花在教導寫作的時間根本沒有想像的多（Applebee &

Langer, 2011），號稱教育大國的歐美國家，學生的寫作表現仍不如人意[8]。

　　爲什麼會這樣呢？許多學者已經給了解釋，言人人殊，我不想加入論戰，或拾人牙慧。本文中，我先提出一些疑問，試圖突顯爲什麼我們教了這麼多，學生卻還是寫不好的現象，並反思學生生活中本已具備寫好文章的條件，卻仍寫不出好文章的事實，包括：提筆時無話可說、不知怎麼說、無法下筆成文、說得好卻寫不好，甚至是說話自信滿滿，下筆卻畏畏縮縮等窘境。

　　我堅信指出這些現象後，再深入探討成因才有意義，否則如同狗追尾巴，永遠在繞圈子而已，走不出無限的迷惘。不妨學習莊子建議的「樞始得其環中，以應無窮」[9]，別總在「環」裡繞，試著跳脫出來找「樞」，才是因應無窮變化現象的訣竅。

一、教過了這麼多，卻還是施展不出來？

　　許多老師應該和我一樣，非常納悶就算學生入學時間不短，課堂上聽了不少文章分析，甚至背了不少名篇佳作，寫作時卻依然痛苦，之前學的文章知識、寫作技巧、範文經典，根本施展不出來。更誇張的是，幾乎每節國語文課後都有綜合練習、語文知識和字詞句練習，好像只在考試時有用，卻幾乎與寫作無關，學生完成課後練習仍詞不達意、錯別字連篇，有時連完整句子都寫不出來。怎麼會這樣呢？課堂上不都強調

---

[8]　美國 2012 年官方統計，大部分學生沒辦法達到所屬年級的寫作水準，4 年級學生中 3 人有 2 人是這樣，8-12 年級的學生只有 30% 達到「精熟水準」(http://nces.edu.gov/nationsreportcard/pdf/main2011/2012470.pdf)。英國教育部 2012 年報告，相較於閱讀、數學和科學，學生的寫作是表現最差的科目 (http://www.gov.uk/government/publications/the-research-evidence-on-"writing")。

[9]　出自《莊子‧齊物論》，原文是：「……彼亦一是非，此亦一是非。果且有彼是乎哉？果且無彼是乎哉？彼是莫得其偶，謂之道樞。樞始得其環中，以應無窮。是亦一無窮，非亦一無窮也。」，大意是說是非都是相對的，每個人都拿自己的「是」，去指責對方的「非」，反之亦然，所以永遠走不出我是你非的圈子，無窮循環下去，莊子建議跳出是非對立的局限，才能獲得真相。

過、練習過的嗎？

　　先別說幼兒園和小學低年級的，以正式開始寫作的三年級來說，學生至少已經入學兩年，國語課裡閱讀過不少範文，課後練習題答得不錯，三年級生的文章卻往往讓人無法恭維。這是為什麼呢？隨著年級的增長，這種令人費解的情況似乎更明顯，小學高年級、國高中階段，無論文言或白話，光課文就讀過幾百篇，篇篇可都有老師講授，各種題型的練習（或是測驗卷），更是繁複多樣，學生們的作品仍不盡理想。為什麼呢？難道我們是白忙一場嗎？學生空有一肚子墨水，卻謅不出令人期待的文章嗎？

　　可能有人說：「課堂上沒空教寫作，我們教的是閱讀！」，這種想法很奇怪，難道閱讀和寫作不是同一個語文系統嗎？學者們不是總強調閱讀是提升寫作的不二法門嗎？（名人助陣後，「大量閱讀」幾乎是常識了）怎麼一遇到寫作有問題，就說上課的閱讀與寫作無關呢？更何況老師們強調寫作要從「仿寫」做起，「仿寫」不就是先閱讀，再有意識的模仿嗎？老師教知識和技巧，不正是從範文的解析開始嗎？這就是閱讀教學的成果呀！更別說國語文課後練習，涉及字詞句、文章結構、文法修辭和聽說讀寫等題型，哪一項不是寫作的暖身活動呢？

　　或許這時又有人抬槓：「坊間寫作班教的才有用呀！」，是嗎？這種「有用」若是指考試的有用，我承認，但擺套路、背佳句、耍修辭等揠苗助長的做法，不是我認同的寫作教學。且容我說得更直接些，這不算教學，充其量只是填鴨、是洗腦，或許暫時可在考場得利，卻將嚴重摧殘寫作熱情，也無法適用所有寫作情境與目標，所以根本不是我想去討論的。

　　因此，事實已經擺在眼前：「我們的教法失敗了！」，至少對寫作而言，我們花在閱讀和課後練習上的努力，幾乎無法遷移到寫作表現之上，幾十年來學生寫作能力低下的苦果，難道還不能說明問題嗎？學生不認為課堂裡能學到什麼，只能去補習班求速成，徒然消耗寫作熱情與創意；老師竟不認為自己能教什麼，深信學生文章好壞全憑天賦，老師

只能偶而錦上添花，順便沾沾學生的光吧！

　　換言之，我們必須承認課堂的那套教法失敗了，姑且不論對閱讀能力有沒有幫助，卻明顯對寫作表現無益。如果不願承認失敗，卻仍希望學生有所進步，就真是癡人說夢了；如果光怪罪學生不受教，或爛泥扶不上牆，更是莫名其妙。

二、小孩沒幾歲就說個不停，卻寫不出來？

　　小孩子一、兩歲呱呱學語，或許開始時只是片段地、不完整地表達，卻進步神速，往往三、四歲時就能和大人流暢地對話（Owens 著、林玉霞等譯，2020）。為什麼會這樣？有刻意教導嗎？或許不太需要。因為學習資源到處都是，舉凡父母的叮嚀和撫慰，家人、親友和鄰居間閒聊，視聽媒材的刺激等，渴望學習的小腦袋都不會放過，所以小孩能像大人般侃侃而談，沒什麼可奇怪的。

　　值得一提的是，這個年齡段的孩子不僅說話流暢，也能透過語言大致表達自己的想法，絕對不是鸚鵡學舌，照搬大人的話，或模仿他人對話而已。這麼一來，除了沒辦法用文字表達（還沒學！），他們完全可以使用口語表情達意，那麼，倘若寫作只要求寫出心中所想，等到他們學會文字，不過是把口語轉換為書面語，應該不至於有困難吧！

　　很抱歉！有困難，還是不小的困難！孩子們經歷幼兒園、低年級的學習，口語表達能力應該更為強大（請注意「應該」兩字！），就算學了不少字詞，口語的本事卻很難透過寫作展現。或許這麼說更清楚些，即便要求學生寫下自己說過的話，不是把心裡想說的寫下來，孩子們仍感到痛苦不堪，勉強去做也不如口語流暢。這到底是為什麼呢？

　　不僅如此，小學高年級或國高中學生，甚至成人皆是這般，私底下聊天可以三天三夜侃個沒完，幾乎做到了口若懸河、旁徵博引、舌戰群雄！一旦被通知「寫篇文章吧！就寫剛剛聊過的那些。」，清談高手們立馬張口結舌，就算抓耳撓腮地勉強下筆，寫出的如同結巴一般，剛剛的口若懸河、旁徵博引竟突然消失。這到底是怎麼了呢？

　　我曾試著解釋：是講過的內容迅速忘記，所以寫不出來嗎？怎麼可能！是聊的話題難登大雅之堂，所以不願意寫出來嗎？或許是吧！但不可能每次都這樣，而且不至於所有內容吧！我覺得更可能的理由是：他們堅信說話和寫作不是一回事，寫作該有更高雅的表現。換句話說，我想他們是怕，怕寫出來的東西不太像文章，遭人恥笑；怕直接寫出不雅的內容，自取其辱；更怕自己寫不出好文章的「樣子」，會被老師批評。

　　說話是寫作很好的暖身活動，不管寫作活動的前中後期，說話都能發揮非常明顯的促進效果，無怪乎從以往的《課程標準》到現在的《課程綱要》，正式寫作前都要求學生能「口述作文」[10]。到底怎麼了？看來與我們期待的相反，就算學生從小口語的發展沒問題，卻無法順暢地轉移到寫作表現上，實在讓人感到不可思議。

　　問題出在哪裡呢？我認為可能是兩方面的誤解：一是對寫作內容的誤解，固執地堅信若非寫些經世濟民、體察人生、嚮往自然的內容，就不值得拿出來現眼；二是對「好文章」的誤解，莫名的自許若無絢爛的辭藻、優美的修辭，巧奪天工的架構，就不算是好文章。或許這些誤解連當事人都不自覺，私下聊天可以放肆，反正不是正式場合，文章可是「千古事」[11]，萬萬不能造次的。

三、與人爭論頭頭是道，下筆卻無話可說

　　生活中不難看到為了爭取權益，對著他人或機構據理力爭的身影，先別管認不認同他的訴求，必須承認爭取權益的人唱作俱佳，我恍惚間還自我催眠：「這是不是意味著語文教育已經成功了呢？」，同樣狀況

---

[10] 《十二年國教課綱：語文領域—國語文》中的「教學實施」提到「寫作練習：由口述作文開始引導，著重學生興趣的培養；進而轉換成筆述作文，引導學生主動寫作，並與他人分享；最後培養學生能熟練筆述作文，樂於發表的寫作習慣。」

[11] 出自於杜甫的〈偶題〉詩，該詩前兩句是「文章千古事，得失寸心知。」，一般認為這是杜甫晚年對其一生嚴謹創作詩歌態度的總結。

常發生在校園裡，嚴重一點的，或許您偶而得身兼仲裁者或和事佬，阻止學生繼續口角下去吧！這時您是否感嘆：「想不到某某學生口才這麼好、氣勢這麼足，是我教出來的嗎？」，然後再悄悄地期待，不知該生寫文章時會不會一樣好？

想像如果寫作是人生賽場上的競技，議論文寫作便是最有價值的球員了。這時，議論文可不能只擺出「論點」、「論證」和「論據」就好，口角雙方不會只想圖個嘴痛快，或罵罵人就了事。仔細聽一下內容，他們喋喋不休地想說服對方，不管自己有沒有理，爭論目標總是明確的，議論文不就爲了說服對方嗎？

人們爲了自己的信仰據理力爭，口語既然頭頭是道，想必寫出來的文章一定可以做到吧！儘管書面語缺乏口語般的臨場感，也沒有語音、聲調、表情的輔助，兩者內容裡的說服因子不會喪失，此乃口語順利過渡爲書面語的關鍵，不至於有所變化吧！

事實卻令人難堪，學生的文章不是沒有說服力，而是根本寫不出來，或不敢寫出來，一提到要寫文章，寫的還是議論文，馬上舉手投降了。即使剛結束一場歡暢淋漓地舌戰，還自鳴得意了許久，一旦被要求提筆寫篇議論文，而且只是忠實記錄舌戰的過程，學生們還是滿臉苦澀，做不到，做不到就是做不到。

到底是怎麼了？很難記錄自己說過的話，是因爲說太多，或多是無關緊要的胡扯，所以記不起來？還是不認爲有寫的價值，情有可原？但與人爭論的內容可不一樣，既然會爭論，就是自己在乎的事物；既然在乎，就會挖空心思想說服對方，維護自己的權益。怎麼可能忘記曾說過什麼？怎麼會認爲自己爭取的東西沒有價值呢？既然如此，爲什麼學生寫不出來，或不敢寫呢？

我認爲與上述「能說不能寫」的情況差不多，甚至更嚴重些。仍是那兩個誤解：一是對寫作內容的誤解。比起一般文章，學生對議論文有更高的期待，若非寫些經世濟民、體察人生、嚮往自然的內容，而且擁有創見，足以讓大家信服的前提下，根本不敢獻醜，若貿然動筆，只能

受到小丑般的對待。

　　二是對「好文章」的誤解。姑且不論文章結構、文法修辭和名言佳句等束縛，光是老師總叮嚀「論點」、「論證」和「論據」三要素，就足以讓學生倍感壓力了。他們知道老師會拿這些當檢核尺規，仔仔細細地檢查有沒有符合三要素，甚至不惜忽略文章寫了什麼，所以他們退縮了。

　　在這種狀況下，學生能不寫就不寫，以免貽笑大方，倘若非寫不可，他們對議論文三要素的在乎程度，可能比文章有沒有說服力更高些。這樣的確符合議論文的形式標準，老師表示滿意，但能吸引人嗎？學生以後還願意再寫嗎？不免令人懷疑。

　　什麼時候議論文才能把「說服力」放第一位呢？恐怕只有先把議論文三要素放在一邊吧！（請注意！是「先」，不是完全棄之不顧），然後告訴學生們：「只要有個明確的論題，等著你去說服對方，不管生活中大事小事，都可以是議論文的題材！」，或許如此才能讀到令人激賞的文章吧！

　　先前讀過一位資深美國教師的書，他提到該掌握每個生活契機，讓孩子有機會練習各種文體，不一定先記敘文再說明文，最後議論文。因為生活中充滿著簡單的議論文，同樣存在著複雜的記敘文，說明文也是，只要能把握記敘文的「陳述功能」、說明文的「詮釋功能」和議論文的「說服功能」即可。他舉了一個例子，自己的孩子小時候迷上電視遊樂器，常纏著媽媽讓他去玩，這位老師靈機一動，便要求孩子寫出十二個玩電視遊樂器的理由。（Routman, 2005）

　　您說結果如何？好玩的孩子立刻就寫出來，誇張地說，為了能快點去玩，我想再寫三十個理由也沒問題吧！但是，這篇簡單的議論文裡可沒有「論證」，更沒有「論據」，或許只列出些粗淺的「論點」而已，我們卻很難否認這是個議論文的好練習，不是嗎？

四、分享喜好娓娓道來，文章卻阻滯不通

網際網路時代來臨，大家可以在各種平臺暢所欲言，不管臉書、部落格、微博，或是通訊軟體 LINE、WeChat 等，處處可看到人們留下的隻言片語或長篇大論。這些訊息無論短篇或者長論，稍加留意，很少看到詞不達意的 PO 文，而且文章作者年齡的跨度很大，從小學生到中老年人都有，他們從不吝分享大作，字句間充滿自信。

身為語文教育研究者，看到這種現象是很高興的。畢竟被動的、無趣的課堂寫作訓練，拜網路所賜，成為積極的、活潑的線上文章，看來任何教學法都比不上自學有效，而且從這些文章來看，似乎學生的寫作能力沒想像的那麼差嘛！

當然，能寫的、寫得好的不管在哪裡都好，網路只是個舞臺；寫得差、不想寫的網路上看不到，這些人卻占了多數。我卻依然相信，這是個很好的契機，因為有發表的，我可以期待他的課堂作品一樣好；沒發表，不妨帶他們進入網路寫作的園地，搞不好有令人驚喜的效果。

然而，一切設想得有個前提：「網路文章寫得好，課堂的寫作就一樣好！」，若是這個前提無法成立，我們很難期待網路寫作對課堂學習有什麼幫助，更別說帶領沒有網路寫作經驗的人參與，因為同樣無法保證他們未來成功，到頭來可能會白忙一場。

令人意外的，有網路寫作經驗的學生，似乎並不意味著他們的課堂寫作一樣好，反過來說，課堂寫作表現好的，網路寫作時未必是常勝軍。或許比起口語好，書面語卻未必好的情況，網路和課堂寫作無法畫上等號的事實，更令人難以接受。因為兩者都是寫作，只不過寫作的地點、目的和讀者有別而已，為什麼沒辦法互通呢？

筆走至此，我忽然想起曾有位大陸學生獲得文學獎後，受到各方吹捧，卻在隨後的大考作文得了中等分數，社會輿論炸了鍋，爭相抨擊語文教育的不食人間煙火（毛榮富，2007）。這兩者是否有異曲同工之妙呢？儘管都是寫作，寫作的地點、目的和讀者卻有所不同，可以更精確地說，評閱委員要求的標準有別，想不到竟有如此迥異的評價。因此

文章好不好，只由某位老師來決定的話，就算文學獎得主也得落馬，倘若不納入課程範疇之中，網路寫作難免譁眾取寵的批評。

既然如此，課堂寫作教學的定位就變得迷茫起來了。我認為，網路寫作是很個性化又大眾化的，受不受歡迎可輕易從網友瀏覽數看出，讀者取向非常明顯。相對來說，文學獎是個性化卻又崇尚藝術化的，評閱的多是文藝工作者，屬於小眾喜好的，故其唯美取向無可厚非。

那麼，課堂的寫作教學該屬於哪一種呢？好像兩者都不是。寫作教學是有藝術追求的，文化精華總得後繼有人，卻不可能陽春白雪，不食人間煙火，畢竟我們要培養的不是文學家。所以，是介於兩者之間嗎？那是什麼？或許不同立場的人自有定見，各有各的道理。

但糾結處顯然不只二選一而已，我更在意的是，這種狀態下該怎麼教學呢？有人教怎麼網路寫作嗎？就我所知近幾年開始有這類的書籍，作者多將十幾年來的經驗歸納分享，那最早的寫手又是誰教的呢？相較之餘，文學獎得主的學生是教出來的嗎？或許有人指點吧！我更相信性格和勤奮才是成功關鍵，課堂教學能帶給小作家什麼呢？（別和我說坊間補習班能培養文學獎得主），錦上添花的成分更多些吧！

無論如何，我依然期待網路寫作的未來，因為時代不會開倒車，未來人們交流將更依賴網路的訊息傳遞，如果希望寫作成為學生良伴，而且是表情達意、文學創作、拓展新知或專業成長等的利器，網路寫作便可滿足這些期待。

從寫作教學的角度來看，我認為網路寫作兼具高昂的寫作熱情、明確的寫作目標、強大的讀者意識等動力，為了脫穎而出，知識和技巧必須高人一等，不能偏廢。優秀的網路寫手若想成為東方不敗，非得在內容上不斷推陳出新，形式上持續精益求精，如果企圖更上層樓，一直被後人所稱道，走出自己風格則是終生的追求。

五、解決問題自信滿滿，寫作卻擔心被嘲笑

對學習語文的人來說，寫作是種語文能力，不是其他學科所能染指

的。然而，當我們相信寫作反映生活，也是學習的利器，而且還想「寫出素養」時，寫作就不該專屬於語文學科，而是生活的一部分，且是各學科所共有的。

讀了討論美國讀寫教育改革的書後，我馬上被「探究式教學」（Inquiry-based teaching）吸引，這種教學法將讀寫活動與各領域學習結合在一起。此時，閱讀和寫作不再是學科，而是工具，作為學習各學科領域的工具，涉及的領域簡稱為「STEAM」，包括「科學」（Science）、「科技」（Technology）、「工程」（Engineer）、「藝術」（Art）和「數學」（Mathematics）等五個學習領域。（曾多聞，2020）

以臺灣中小學的學科分類來說，「科學」、「科技」、「工程」屬於「自然科學」，「藝術」則包括音樂和美勞，「數學」就不必說了，閱讀和寫作屬於「語文」，所以「探究式教學」的跨領域意圖十分明顯，高中的「小論文寫作比賽」便是一種跨學科的活動。事實上，世界各國早有類似的課程設計，除了美國、印度、新加坡外，像是芬蘭的「主題式探究課程」（Phenomenon-based Learning, PBL），以及「國際文憑課程」（IB）發展出來的 DP（Diploma Programme）課程中，包括「知識理論課程」（Theory of Knowledge, ToK）、「論文寫作」（Extended Essay, EE）和「創意行動服務課程」（Creativity, Action, Service, CAS），都是跨學科、跨領域的課程設計。（黃春木等，2018）

然而，「探究式教學」中的閱讀和寫作不算是學科，而是探究的工具，它們不是學習的對象，而是學習的憑藉。套句比較專業的說法：「探究式教學」不是「學習閱讀或寫作」（Learn to Read or Write），而是「透過閱讀或寫作去學習」（Read or Write to Learn）。

如此剝奪語文主體性的讀寫教育觀，本是吾輩語文教育研究者應予以駁斥的。但平心而論，倘若我們希望讀寫成為學生終身學習的利器，能扎實地「寫出素養」，並化身為生活的良伴，而不是想開設文學家養

成營，或許「探究式教學」可以是開發寫作教學的一片新園地。

　　這時我不禁想起，《十二年國教課綱》不是強調「跨領域學習」嗎？我相信，國語文想要「跨領域」並不難，教科書選文主題原本就橫跨不同領域，只要教學時略爲提及便可。但是，聽說讀寫等能力同樣能跨領域學習嗎？或許「探究式教學」已經給了答案，透過讀寫活動的跨領域學習並非難事，卻得先把讀寫當成探究工具，而不是學習的主軸。

　　近幾年大學入學考試改成「國寫」（國語文寫作能力測驗），這和美國 SAT 寫作測驗幾乎同步的改革，似乎有著類似的想法。「國寫」是一種先讀後寫的測驗形式，測驗項目被區分爲「知性的統整判斷」和「情意的感受抒發」，考生必須在閱讀知性和感性文章後，再寫出題目所要求的內容，其中包括統整、判斷、感受、聯想和延伸發揮等思辨的成果。

　　這樣的題型下，寫作顯然是爲了呈現閱讀成果，分數高低在於能否寫出閱讀所得，文章形式反而不是重點。閱讀能力固然十分重要，知性或感性的感受雖是寫作資源，卻不是評分的項目，因此，測驗中「閱讀」是得分工具無疑，連帶著「寫作」的主體性也喪失，它是得分的工具，可惜判斷其優劣不在「寫作」自身，而是掌握閱讀內容的程度而定（從寫出來的東西考察）。

　　面對如此讀寫教育的新思維，我不禁懷疑，現今讀寫教育能否協助學生面對未來挑戰呢？遠的不說，十二年國民教育之後，大學生學習系所的專業知識時，讀寫是很重要的工具，他們應付得了嗎？很多人感慨時下大學生和研究生讀寫能力低下，對此我亦深有同感，卻無可奈何，這可不是一、兩位學生個案啊！

　　離開校園後，讀寫能力依然是職場奮戰的武器，那時學生能拿以往學得的從容迎接挑戰嗎？如果不能，十二年的努力是爲了什麼？難道只求考試平安過關，進入個好學校、好科系嗎？或許有人說：「沒關係！職前訓練和在職訓練會教的。」，或許吧！儘管十二年的讀寫教育不可能爲所有職業量身訂製，總不能讓學生從零開始吧！那麼，我們該給學

生什麼樣的起點呢？或許就是我們檢視眼下讀寫教育的重要指標吧！

討論完上述幾種現象，我們不得不承認，即使課堂上努力教，學生作品卻好不到哪裡去；有時網路寫作沒人教，學生寫的反而令人驚艷；學生從小自學成材的口語能力，反而難以轉換成令人期待的寫作表現；生活或職場上的自在表達，好像與課堂的寫作教學是兩回事。

不知您是否注意到坊間暢銷書作家的背景？其實學語文的並不多，各領域菁英似乎都能成為寫作能手。仔細分析一下他們的作品，您或許會更懷疑長久以來寫作教育的存在意義。換言之，學校裡努力做的那一套，似乎很少在作家的筆下呈現，而書籍暢銷的理由，卻往往與課堂所強調的背道而馳。那麼，難道我們不該反思一下現今的寫作教學嗎？

在我看來，這些警訊並非暗示寫作教學無用，反而可以帶來新的思維，包括以往教學法必須改革、口語和書面語的轉化必須重視、積極面對網路寫作帶來的契機、「好文章」標準必須重新省思、生活與職場及網路寫作應該被強調等。我認為有了這樣的認識，寫作教學才可能有實質的進展，否則只能抱殘守缺、盲目追求潮流而已。

期待更好的教學進階規劃

寫作教學是漫長的教養過程，姑且不論起點和目標是什麼，老師心中總要有持續、明確的進階性規劃，才能妥善安排教學內容，因應學生個別差異，讓寫作教學逐步推進，按部就班地提升學生的寫作能力。然而，眼下的寫作教學似乎並非如此，《十二年國教課綱》的國語文寫作「學習表現」，並未因應不同「學習階段」發展出明確的進階性規劃。

此外，大陸號稱「序列性作文教學」，刻意強調寫作方法、技巧的累積與熟練，如此一來，不免難以兼顧學生的個別差異，也容易忽略學生寫作主體，甚至不可思議地認為寫作是「1+1=2」的簡單公式。那麼「序列性作文教學」對學生有何意義呢？需要深入探討。

所幸，中國古代的「先放後收」教學原則，其中「先」、「後」既

滿足進階性的規劃訴求，「放」、「收」則尊重學生寫作主體，而且兼顧個別差異。但何謂「放」？何謂「收」？如何具體操作？卻語焉不詳，所以即使這樣的教學理念令人嚮往，尚不足以成為具體可行的教學規劃，頂多只是個抽象籠統的教學心法罷了，正因如此，我便提出「真善美寫作教學模式」。

我相信古人所說的「放」，是為了求「真」，讓學生寫出真實感受；其後的「收」，則是符應公認的寫作規範，目的乃求「善」；至於「放」、「收」的努力又為了什麼？我堅信是讓學生架構自我，在求「真」、「善」之後，追求更有個性、更高層次的「美」。此時，寫作便不再是學科、工具或技術，而是人生境界的追求、圓滿生活的重要養分，這便是寫作教學的終極目標。

一、各「學習階段」看不出進階性的規劃

《十二年國教課綱》把小學六年、國中三年、高中三年，區分為五個「學習階段」，以中小學課程的銜接性而言，各「學習階段」間應呈現進階性的發展才對。那麼，《十二年國教課綱》國語文各階段的「學習表現」，是否有這樣的進階性規劃呢？似乎並不明顯。

討論寫作課程的進階性前，不妨先看看各階段內的學習表現有哪些項目吧！以小學所屬的前三個學習階段為例，從第一階段開始，「學習表現」的項目包括：「標點符號」、「累積寫作材料」、「句子段落練習」、「技巧寫作」、「修改文句錯誤」、「培養寫作興趣」等。到了第二階段，「學習表現」的項目保留「標點符號」、「寫作技巧」和「修改文句錯誤」三項，其他則改成「寫作基本能力」、「寫作步驟」、「敘述應用說明」、「養成寫作習慣」，其中「仿寫童詩」被特別獨立出來。

到了第三階段，被保留下來的「學習表現」有「標點符號」、「寫作基本能力」（第一階段沒有）、「寫作步驟」（第一階段沒有）、「技巧寫作」、「修改文句」，新出現的包括「創作童詩及故事」、

「說明議論」、「建立寫作態度」等三個項目。

縱向地看，三個「學習階段」都有「標點符號」，分別是：「6-I-1 根據表達需要，使用常用標點符號。」、「6-II-1 根據表達需要，使用各種標點符號。」、「6-III-1 根據表達需要，使用適切的標點符號。」。前兩階段「標點符號」內容的進階性不難看出，從「常用」到「各種」，顯然是要求使用「標點符號」的種類增加。姑且不論哪些類型屬於「常用」，「各種」又包含哪些？第三階段的「適切」卻令人費解，使用「標點符號」難道不是開始就該要求「適切」的嗎？莫非要等到屬於小學五、六年級的第三階段才留意嗎？奇怪！

縱貫三個「學習階段」都有的「技巧寫作」，分別是：「6-I-4 使用仿寫、接寫等技巧寫作。」、「6-II-6 運用改寫、縮寫、擴寫等技巧寫作。」、「6-III-6 練習各種寫作技巧。」。我比較好奇的是，為什麼「仿寫」、「接寫」兩種寫作技巧的訓練，必須早於「改寫」、「縮寫」、「擴寫」呢？不知《十二年國教課綱》的撰寫者有何依據？還是想當然爾？

更有趣的是，第三階段出現的「練習各種寫作技巧」，不知和前兩階段的「仿寫」、「接寫」、「改寫」、「縮寫」、「擴寫」有何關聯？是否因為「技巧寫作」和「寫作技巧」構詞倒置，而另有所指？那是什麼呢？為什麼不講清楚，卻以「練習各種寫作技巧」草草帶過？非常詭異！

附帶一提，第四學習階段又赫然有「6-IV-3 靈活運用仿寫、改寫等技巧，增進寫作能力」，不知與第一階段的「6-I-4 使用仿寫、接寫等技巧寫作。」有何差別？難道只差在「靈活」二字嗎？更令人納悶的是，原本期待第五階段會有「改寫」、「縮寫」、「擴寫」等的進一步規劃，抱歉！完全沒有。對於《十二年國教課綱》撰寫者的神邏輯，我無法意會。

還有一處我認為至關重要，涉及學生能否有寫作熱情、習慣，就是第一階段的「6-I-6 培養寫作的興趣。」、第二階段的「6-II-8 養成寫

作習慣。」和第三階段的「6-III-8 建立適切的寫作態度。」。還好這些面向沒有被遺忘，否則只強調寫作技巧和文體習寫，學校的寫作教學與坊間的補習班何異？

　　然而，不管是寫作的興趣、習慣或態度，各學習階段為何有前後之分呢？難道學生的「寫作習慣」不是該很早就養成的嗎？「寫作態度」延遲到小學五、六年級才建立，不會為時已晚嗎？寫作興趣、習慣和態度得一生保持，《十二年國教課綱》卻暗示某學習階段做到就行，其他階段不必，不是很奇怪嗎？

　　聊到這裡，不難看出寫作《十二年國教課綱》似乎集中「標點符號」、「修改文句」，以及各種寫作技巧、功能取向（記敘、應用、說明等）和「寫作步驟」等方面，偶而會把注意力放在文體之上。總而言之，整體操作性很強，相形之下，和寫作主體有關的寫作興趣、習慣和態度等範疇，反而成了陪襯。此外，至少小學的三個「學習階段」裡，「學習表現」之間很難看出進階性的發展，若干項目的邏輯十分紊亂，無法看出寫作教學的起點、終點和進展。

　　簡單的說，如果學生處於某一學習階段，他該表現什麼寫作行為，這個行為是奠基於前一階段什麼行為之上呢？他當下的行為是朝向什麼目標努力的？他對自己的寫作行為有何看法？寫作對他又有什麼意義呢？不同的「學習階段」，他清楚知道自身程度，還有未來的學習方向嗎？……。這些問題，很難從《十二年國教課綱》各階段的「學習表現」裡，找到相應的答案。

　　或許有人反駁：「《十二年國教課綱》原本只是課程大方向，不涉及教學的層面，所以不必然有『進階性』，毋須考慮寫作教學的起點、終點和進展。」既然如此，何必區分五個「學習階段」？「階段」可不只用來分期而已，從小學到高中的逐步成長，總該有進階性的發展規劃吧！

　　先撇開課程與教學的關係，假如《十二年國教課綱》沒有考慮教學的起點、終點和進展，如「標點符號」、「累積寫作材料」、「句子段

落練習」、「技巧寫作」、「修改文句錯誤」、「培養寫作興趣」等項目，難道不是教學重點嗎？如此散列，不正暗示老師只要教了其中若干即可，涉及整體性、發展性的規劃便無所謂了嗎？這般隨興的教學活動可能成功嗎？

　　難怪眼下的寫作教學沒有起點、終點和進展，往往有寫就好，抓到什麼就訓練什麼，只能在形式和技巧上打轉，幾年下來，學生不知道自己到底學了什麼（如果有教的話），對寫作依然一籌莫展。

二、請小心「序列性作文教學」的陷阱

　　事實上，如《十二年國教課綱》般默許散漫、隨興式的課程和教學觀，並非常態，相反地，大多數一線老師和研究者致力於更系統性、進階性的寫作教學規劃，套用中國大陸的說法，類似的理念便是「序列性作文教學」。中國知名語言學家和語文教育家張志公先生曾說：（張志公，1994）

　　　　一個好的教練訓練運動員是有嚴格的訓練計畫的，計畫的
　　　　安排是很科學的，否則就要影響運動員出成績。語文訓練
　　　　也應當有並且可以有科學的方法，學習不是循序漸進嗎？
　　　　那麼就需要有一個明確的、合乎科學的「序」。（p3）

　　這段話清楚交代「序列性作文教學」的核心理念。簡單地說，和訓練運動員一樣，語文也需要科學的訓練方法，其中有非常明確的「順序」。問題來了，有「序」的教學該是什麼？怎麼才算「循序漸進」呢？民國初年以來，語文教育學者和各地老師們便紛紛提出他們心目中的「序列性作文教學」面貌。

　　最早與「序列性作文教學」相近的主張，是民國13年黎錦熙的《新著國語教學法》一書中提到的。他認為小學六年的寫作教學應該包括：

㈠第一學年（小學的初年級）

要建設一個練習運用注音字母的課程，通過閱讀掌握注音字母，成為作文的基礎。是實行設計令兒童用紙片自行標記教室等處的物名、人名等，以練習單詞的寫法；教師的命令先用口說，次即令兒童用聽寫法筆記其簡短的語句；提出要求讓兒童親自獲得文字「持久」和「行遠」的好處。

㈡第三、四年級

1. 通信、條告、紀錄的設計。
2. 實用文、說明文的作法研究、練習。要求行文要「真切」、「迅速」。

㈢第五、六年級

1. 實用文、記敘文、說明文、議論文的作法研究、練習、設計，應先辨明這四種文體練習的歷程和要求。
2. 四種文體的要點和所謂「練習」、「設計」的方法，關鍵仍是「國語文法」。

姑且不論上述以文體為區分的教學內容是否合宜，像這種以不同年段（低中高）為準，給予相應的寫作教學規劃，而且隱隱然有進階性的要求，便是「序列性作文教學」的最大特徵。

接下來，張田若 1978 年提出「作文訓練三步走」，教學內容是：第一步，口語訓練（一年級）；第二步，寫話訓練（二年級）；第三步，作文訓練（三到六年級）。「作文訓練三步走」在當時獲得不少迴響，也有過修正的建議。比如李昌斌、馬兆銘認為「作文訓練三步走」中的三年級應該是過渡，不妨獨立為「片段訓練」（或「過渡訓練」），所以「作文訓練三步走」就變成「作文訓練四步走」。

隨後，吳立崗、賈志敏提出小學作文的「五步訓練」：一年級，口語訓練；二年級，寫話訓練；三年級，片段訓練；四年級，半獨立的

篇章訓練；五、六年級，獨立的命題作文訓練。無論是三步、四步或五步，都是以年級作為劃分依據，而且每步間都有明確的進階性，所以仍是「序列性寫作教學」無疑。

二十一世紀後，「序列性作文教學」方興未艾，「序列」的內容越來越細緻，涉及的面向越來越廣。譬如1998年姜兆臣提出的「作文訓練序列表」中，包括「觀察事物」、「看圖作文」、「寫作技巧」、「句段訓練」、「狀物」、「敘事」（有「一件事」、「記活動」、「場面描寫」等）、「寫人」（有「外貌描寫」、「動作描寫」、「語言描寫」、「心理描寫」、「綜合描寫」等）、「描寫景物」、「應用文」、「說明文」、「其他訓練形式」項目，各年段也有相應的做法。

其中，「寫作技巧」項目在一年級的做法是「認識文章的基本結構」；二年級是「了解文章的開頭、結尾」；三年級是「審題與擬題學習立意」；四年級是「圍繞中心選材列寫作題綱，修改作文」；五年級是「詳寫與略寫、過渡與照應、記敘的順序、文章的開頭與結尾」；六年級是「掌握常用的基本結構」。

以「寫人」項目中的「動作描寫」為例，一年級的做法是「動作描寫要清楚」；二年級是「動作描寫要有條理」；三年級是「動作描寫要具體」；四年級是「動作描寫要有重點」；五年級是「細節描寫」；六年級是「用景物襯托人物心情」。以「應用文」項目為例，一年級的做法是「請假條、留言條」；二年級是「學寫日記、通知」；三年級是「學寫決心書」；四年級是「學寫板報稿、表揚稿、書信」；五年級是「學做會議記錄，學寫讀書筆記」；六年級是「學寫講話稿」。（以上引自陳蓓蓓，2008）

其實，並非中國大陸才有「序列性作文教學」的訴求，美國2009年頒布《共同核心州課程標準》（Common Core State Standard, 以下簡稱為CCSS），從幼兒園到十二年級（高三）都有具體的教學內容，而且各年級間有明確的進階性發展規劃，寫作的部分當然也是。（Common Core State Standards Initiative, 2010）

　　回顧上述「序列性作文教學」的理念和建議，其進階性十分明確，各年級該強調哪些教學內容、學習項目，一目了然，使第一線的寫作老師有所依循，固然居功厥偉，卻仍有所欠缺。「序列性作文教學」的基本假設是「按部就班」、「循序漸進」，學生們只要把各種文體、所有技巧都練過一遍，而且先易後難，兼顧各個層面，就能寫出一篇好文章。

　　是這樣的嗎？很遺憾的，寫作不是簡單的「1+1=2」，學生獲得再多寫作技巧、文體知識，並不代表就能寫得好，更別說崇尚放諸四海而皆準的教學模式，幾乎已全然忽略學生的個別差異，蔑視寫作主體的存在事實。「序列性作文教學」或許能教出循規蹈矩的寫作機器，恐怕很難激發寫作熱情，更別說養成持續寫作的習慣，發展出個性化的寫作風格了。

三、古代「先放後收」教學理念的啓發

　　怎麼才能兼顧寫作教學的進階性，又尊重個別差異和寫作主體呢？其實中國古代「先放後收」的理念就可以解套。什麼是「先放後收」的理念呢？張志公先生曾在〈傳統語文教育初探〉一文中最先提出「先放後收」的觀念（張志公，1962），他所依據的是宋代以來如：「作文之體，初欲奔馳，久當收節。」（歐陽修〈與澠池徐宰〉）、「凡學文，初要膽大，終要心小—由粗入細、由俗入雅、由繁入簡、由豪蕩入純粹。……初學熟之，開廣其胸襟，發舒其志氣，但見文之易，不見文之難，必能放言高論，筆端不窘束矣。」（出自謝枋得《文章軌範》）等古人的學文經驗。

　　至於「放」與「收」兩個字，張志公則借用自清代王筠《教童子法》。王筠認為，童子寫作的第一階段是「放」，初學文者「以寫書爲主，不許說空話；以放爲主，越多越好。」、「作詩文必須放，放之如野馬，踶跳咆嘷，不受羈絆。」；第二階段是「脫換」，「久之必自厭而收束矣。此時加以銜轡，必俯首樂從，且弟子將脫換時，其

文必變而不佳，此時必不可督責之。但涵養誘掖，待其自化，則文境必大進。……作文而不知脫換，終是無用才也；屢次脫換，必能成家者也。」。

　　第三階段是「收」，「以圈為主，等他知道文法，而後使讀隆萬文，不難成就也。」他舉一個實例說明：「諸城王木舟先生十四歲入學，文千餘字，十八歲鄉魁第四，文七百字，四十歲之文，不足六百字，此放極必收之驗也。」

　　不難發現，上面提到的古人都有「先放後收」的意識，卻對「放」什麼？怎麼「放」？看法不盡相同。同樣的，「收」什麼？怎麼「收」？雖然與「放」必須有所呼應，仍是人言言殊的。譬如歐陽修的「作文之體」是指什麼？並未說明，可以推知的是既能奔馳，又可收節，卻絕對不是指題材或體式，那麼，究竟是指內容還是寫法呢？無從知曉。

　　相對而言，謝枋得關心的是文章內容，所謂「由粗入細、由俗入雅、由繁入簡、由豪蕩入純粹」即是。十分難得的，謝枋得強調「先膽大、終心小」的原因在於，使學生「但見文之易，不見文之難，必能放言高論，筆端不窘束矣。」，此乃考慮習寫者的學習心理，尊重個別差異和寫作主體，故而相較於歐陽修，對寫作教學更有啟發。

　　顯而易見的，張志公「先放後收」理念取自王筠處最多，那麼王筠對「放」和「收」的原則又是什麼呢？從三階段來看，儘管有許多比喻性的敘述，王筠主張「先放後收」無疑，而且對比「放」和「收」的內容可知，他還是以文章內容為主。此外，雖然「放」要「越多越好」、「不受羈絆」，他仍強調「不許說空話」，而「收」時則須「知道文法」、「使讀隆萬文」。

　　我認為尤其重要的是「脫換」，王筠舉王木舟從十四歲到四十歲的文章變化為例，絕對不僅在表面上字數越變越少，而是文章內容不斷「脫換」（提升）的過程。因此，王筠所指的「先放後收」，就在文章字數由多變少、內容不斷脫胎換骨的表現之中了。

　　上文依據「先放後收」的理念，已經反思寫作教學的起點，我還想

再介紹另一種不同的「放」─西方「讀寫萌發」（emergent literacy）教學理論。在「讀寫萌發」的理念下，研究發現從幼兒階段開始，即使沒有接受過正式的讀寫教育，幼兒們也能在豐富的語文環境下，自然而然的產生對語言和文字的興趣，而且進行像塗鴉之類的初級書寫活動。（Bodrova & Leong, 1998; Nixon & Topping, 2001; Behymer, 2003; Gentry, 2005; Keaton, Palmer, Nicholas & Lake, 2007; Dixon, 2008; Elliott & Olliff, 2008; Gibson, 2008）

國外小學老師對低年級孩子仍延續這樣的教學，他們讓孩子自由自在寫作，文章內容可長可短，根本不在意他們文字的缺誤，有時還讓孩子們以圖畫代替文字，沒有任何限制。這些做法的目的，無非是讓孩子們覺得寫作就是分享，可以自由自在地分享，無需考慮任何限制（Routman, 2005）。因此，相較於國內《十二年國教課綱》強調小學低年級該「口述作文」，中年級才正式寫作，美國的《CCSS 課標》規定幼兒園就開始寫作，而且不限於口述，當然低年級就能更上一層樓了。（Common Core State Standards Initiative, 2010）

好奇「先放後收」理念的我們，必然想問：老師該怎麼「放」呢？「放」的程度需要多大？「放」的目標是什麼？一旦我們同意「放」的價值，「放」在整個寫作過程的意義就該被正視，不是為「放」而「放」，或只是老師為自己的怠惰找個託辭而已。換句話說，學生在「放」的過程中該學到什麼？對寫作能力的提升有何意義？

此外，如果接下來就是「收」，「放」的時機有什麼考量呢？回應我們先前討論的心理學式教法，雖然驚喜於其做法的新穎、活動的創意之餘，接著想問：「然後呢？」，這便是「收」的問題。同樣的，一旦決定採用「先放後收」的理念教學，「放」的同時就得考慮「收」，「放」和「收」之間必須有連貫性，更何況還有後續培養寫作美感意識的終極目標。

從另一個角度來看，「先放後收」的理念可歸屬於「序列性作文教學」，卻更在意寫作主體和個別差異，顯然「放」更關心激發寫作動

機，鼓勵學生大膽寫作的熱情，不再以文法規範束縛他們。然而，「先放後收」絕非否定文法規範的重要性，前述大陸老師們的「序列性作文教學」，便聚焦在「收」的部分。換言之，「先放後收」的理念主張喚醒學生寫作熱情和行動為先，其後才是文法規範的各種要求。

四、向您推薦「真善美寫作教學模式」

　　從前文的討論中，我指出《十二年國教課綱》各學習階段缺乏進階性規劃，所以十二年間學生的「學習表現」看不出發展性的提升，只是許多零散的文體嘗試和技巧練習，甚至前後階段間有若干不合邏輯的安排。

　　基於此，我便進一步提出大陸「序列性作文教學」的理念，試圖為《十二年國教課綱》的缺乏進階性規劃解套。令人遺憾的是，目前各種「序列性作文教學」多集中在文體特性、文法修辭和寫作技巧的操作，堅信累積小練習就能寫出好文章的「1+1=2」思維，可惜事實並非如此，能讓寫作持續提升的應該是人的因素，也就是寫作者本身。

　　既然知道寫作教學該有進階性的規劃，而且不能忽略學生個別差異（尊重寫作主體），我們該怎麼做呢？我發現中國古代「先放後收」教學理念可以提供借鏡。事實上，「先放後收」就是一種「序列性作文教學」，只不過它一開始並不落入文體特性、文法修辭和技巧訓練的泥沼中，而是先激起學生的寫作動機和熱情，大膽嘗試，不被文章形式的框架束縛（「先放」），之後再回來兼顧文體特性、文法修辭和技巧訓練等要求（「後收」）。

　　然而，「先放後收」的理念仍有所不足，比如：該怎麼「放」呢？「放」的程度需要多大？「放」的目標是什麼？同樣的，該怎麼「收」呢？「收」的程度需要多大？「收」的目標是什麼？這些問題亟待釐清。

　　我接著還想問：「然後呢？」，「放」、「收」是做法、是過程，它並不是寫作教學的目標，我們得為寫作教學設定目標，不管是文學性寫作或應用性寫作。我希望寫作目標應是量身打造的、不斷提升的，一

且達到這個目標，寫作就會是人生無盡的追求、生活的重要養分。

　　因此，我鄭重向大家推薦「眞善美寫作教學模式」。依內涵而言，「眞」是說出自己內心眞實的想法和感受、「善」是用最適切的形式包裝自己的想法和感受、「美」則是發展出最有個性的表達或追求心目中最美好的文章；依順序而言，先「眞」、再「善」、後「美」，三者各自可以持續追求，所以必然有其重疊之處；依教法而言，求「眞」應「放」、求「善」必「收」、求「美」需「磨」。

　　「眞善美」原是人生或藝術層面的境界，或被分列爲三個獨立範疇，我認爲可以用於寫作教學之上，成爲三種不同的境界。因爲寫作可以是人生的良伴，不妨成爲藝術的瑰寶，無論「眞」、「善」或「美」，各自皆可用一輩子去追求，一旦三者結合在一起，而且放在寫作教學上做立體規劃，成爲不同的層級或境界，便可產生非常豐富的義涵。

　　然而，寫作上求「眞」並非易事，長期重形式技巧的氛圍下，我們提筆時甚至不知道自己在想什麼，只好想著閱卷老師喜歡看到什麼，投其所好。就算沒有外在荼毒和功利想法，我們常常腦袋空空，腹笥甚窘得不知寫些什麼才好，就算很清楚寫給誰、寫作情境很明確，依然無話可說，您說求「眞」容易嗎？

　　如果還被要求有沒有錯別字、文句通不通順、有沒有起承轉合、用了多少修辭技巧，我們寫東西還「眞」的了嗎？倘若學生寫東西失「眞」，我們還能期待他喜歡寫作，或是養成持續寫作的習慣嗎？恐怕很難！

　　寫作上求「善」，必須建立在求「眞」的前提上。因此，我們得先思考兩個問題：一是文章的「內容」和「形式」，誰是「主」、誰是「從」？我想大多數人應該不反對「內容」是主，「形式」是從，而且「形式」是爲「內容」服務的常識。只不過不太在意「內容」是誰的，「形式」也不太講究適切性，耀眼花俏至上，譁眾取寵就對了。我認爲寫作上求「善」，得堅持「內容」出於「我」，「形式」是爲「我」的

想法服務，所以「形式」當然是以「適切」為重。

　　二是從小學過那麼多文章知識，練習不少字詞句的運用，以及文法修辭的技巧，為什麼用上的卻不多？豈不是白學了嗎？古人說「書到用時方恨少」，或許傳統教學因此拼命灌輸知識和技巧，卻總覺得不夠，其實不是學得不夠多，而是寫作時用不出來罷了。怎麼才用得出來呢？我認為該常常練習，而且每次練習不要怕量少，能適切表達想法就行。只有在這個前提上，「積少成多」的學習理念才有意義。

　　有了「真」和「善」的前提，求「美」才有意義。經過長期的求「真」和求「善」，寫作的內容和形式不斷提升，才能找到自己擅長的風格，不管文學性寫作和應用性寫作，都能慢慢地呈現十足的個性化。此時，寫作對我們而言，早已是欲罷不能的生活常態了。

　　不管是職場專業、表情達意、溝通傳播、學習研究或文學創作等層面，寫作早該是生活的一部分，而且寄託了個人的視角、氣質、學養、人生觀、價值取向、興趣嗜好等。最終，我們因為寫作而存在，寫作突顯我們的存在意義，所以我們總是難以割捨它的。

第二章
先求「真」的寫作教學規劃

求「眞」的理由和範疇

　　什麼是「眞」？誰都知道就是「不假」，問題是「眞」和「假」的對立與寫作何關呢？民初白話文提倡伊始，口號便是「我手寫我口」，手寫的該是嘴巴講的，嘴巴講的是自己心聲。假如手寫的有「眞」或「假」之分，是不是意味著有「口不對心」的可能性？或許從這個角度切入，便可突顯寫作求「眞」的重要性，才能進一步去談寫作求「眞」的難易程度，以及其中的具體內涵爲何。

　　正式討論前，我必須很遺憾地說：學生文章大部分是「假」的，姑且不談他們平時的寫作表現，光入學考試的寫作測驗裡，便已表露無遺。「考試引導教學」，從寫作測驗反推到課堂狀況、補習班訓練，八九不離十，久而久之，包含老師和學生在內，或許認爲這便是常態了。哪天出現若干眞情實感的文章，反而引起一陣驚駭和噓聲吧！這時，我突然想起柳宗元講的「蜀犬吠日」[1]，因爲長期陰雲遮蔽陽光，四川的狗反而不知陽光爲何物，大概就是這種怪異情況。

一、入學考試一到，阿公阿嬤就紛紛去世

　　每逢大考之後，便傳出許多有趣的考生文章。譬如 2015 年國中會考放榜後，教育部網站公布六級分的樣卷，不久，記者請教閱卷委員得分要訣，淡江大學曾昭旭教授表示：「臺灣人平均壽命增加，十五歲的

---

[1] 出自柳宗元〈答章中立論師道書〉中的「蜀之南，恆雨少日，日出則犬吠。」

考生有那麼多阿公阿嬤都死掉了嗎？很多考生寫『捨不得去世的阿公或阿嬤』，有些看起來是虛構的，虛構就是在消費阿公阿嬤，這樣寫作得分不會高。」（自由電子報，2015/6/5）

曾教授說得對，高齡社會哪有如此多阿公阿嬤「剛好」在乖孫大考前去世？！雖然老人家不在意乖孫「不得已」的詛咒，卻也太不孝了吧！虛假做法背後的動機不難推知──騙些同情分數。我合理推論，消費阿公阿嬤之風盛行，可能緣起於某位考生靈機一動，大家群起效尤，或是某位老師天縱英明，學生們心領神會的結果。不管起源是什麼，只要能喚起閱卷老師同情心而給高分，不惜公然說謊，反正閱卷彌封不會流出，更不會有人無聊得去查證。

每當讀到類似評論，我總是心有戚戚焉，因為曾長期擔任大學學測的閱卷委員，很清楚這類有趣文章總是屢見不鮮的。除了懷念阿公阿嬤特別多之外，高中生戀愛似乎十分常見，而且幾乎都在考前分手，點點滴滴，竟留給考生在所有寫作題上很大的發揮空間，只不過套路好像差不多，結局殊途同歸，很難招來同情罷了。

此外，好友或親戚的意外離世同樣熱門，類似選材有利於考生感性抒發，信手拈來，很容易造成一種抑鬱的氛圍，感染力很強。然而，這類文章一旦頻繁出現，可不會有「數大便是美」的效果，反而不禁讓人懷疑文中事件的真實性。每當我發現這種現象，便聯想到可能是老師教的套路，根本不是事實，考生要知道，若閱卷老師有這樣的聯想時，即使真有其事的考生難免被連累，蓄意造假的自然弄巧成拙了。

無獨有偶，有一年大陸南京的高考寫作題是「心靈的選擇」，城區考生寫父母離婚的實在太多，所以閱卷老師戲稱該年是「高考離婚年」；農村考生則把「失學」當作熱門題材，很多考生有驚人的相似背景，父母只能供倆孩子的一個升學，經過「心靈的選擇」，自己毅然放棄唯一的升學機會。（深圳晚報，2002/07/24）

從過多的雷同狀況來看，考生們寫的應該不是自己「心靈的選擇」，而是想透過寫「離婚」和「失學」的話題衝擊閱卷老師的「心

靈」，繼而做出給高分的「選擇」吧！寫的是真實事件嗎？不重要！如果可以達到攫取高分的效果，能掰就掰吧！絕對值得一搏。

再者，廖玉蕙教授在〈我從小喜歡種樹〉一文中寫道：「我改過一包 50 份的考卷，其中 38 人提到家中有老榕樹。有趣的是，這 38 棵老榕樹中，有 30 棵不約而同地種在外公家。」（廖玉蕙，2011）。這麼看來，家中父母和爺爺奶奶身上，始終有學生們取之不盡、用之不竭的寫作題材，這或許也是「啃老」的一種型態吧！只不過算「奉旨啃老」，啃得理所當然而已。

當我看到這段描述時，笑得差點氣喘不上來，若廖教授沒有做事件上的「藝術加工」，這包卷子的考生真是優秀得不像話！我想他們有可能是同一位老師教的，或出自同一間補習班，要不然就是同組一個讀書會？（這個可能性極小！）。讓我大笑不止的是為什麼非得寫「老榕樹」？其他樹不行嗎？一定要種在外公家？別的家人或親戚不行嗎？這種連抄襲都懶得考慮「差異化」，想不被揪出來嘲笑一番也難吧！

咱們笑歸笑，仔細想想背後原因卻無可厚非，畢竟上考場唯一目的是得高分，讓閱卷老師給高分的理由就是感動他們。從另一個角度看，寫文章不就得感動人？考生們寫些感動閱卷老師的有什麼錯呢？錯了！的確是錯了！寫文章感動讀者沒錯，拿不真實的東西企圖煽動讀者情感就不對，原因無他，寫作不該是個騙人的勾當。

姑且不論道德的譴責，拿虛假東西唬弄人，就算被訓練得巧奪天工，「假」的也不會成「真」，這對學生有多麼惡劣的影響！學生會怎麼看待寫作造假這回事？都是無法估量的。換言之，倘若默許這種「崇假棄真」的做法，是不是暗示學生為了高分可以不擇手段？而寫作只是騙術而已，達成目的的一種手段罷了？真是非常可怕！或許當下不會被察覺（寫作測驗就不一定！），長此以往，學生能把寫作當一回事嗎？那麼，說好的寫作「終身學習者」呢？可能實現嗎？

二、閱卷老師想看什麼，我就寫什麼吧！

　　考場常出現過度早熟的文章，同樣讓人不敢恭維。例如朱宥勳發現同樣是「捨不得」的國中會考題，六級分樣卷中竟然有位考生寫「捨不得」自己遺失的手機，後來卻因為閱讀莊子〈逍遙遊〉而釋然，甚至覺得「慶幸」，領悟了「無待」的境界。朱宥勳要閱卷老師摸摸良心，「你相信這篇文章是出於『真實』，而非『虛構』的機率有多高？還是說，只要最後提到莊子，就算是虛構也沒關係？」（朱宥勳，2015）

　　國中畢業生寫出莊子的〈逍遙遊〉，的確讓人驚訝，若非是國學世家，從小熟讀諸子百家，以目前忽視文言文教育的現況來說，的確讓人感到不可思議。朱宥勳的誅心之言：「只要最後提到莊子，就算是虛構也沒關係？」，則直接道出學生寫作造假的另一個原因─「投其所好」。

　　閱卷老師幾乎都出身中（國）文系，在中文系的語言、文學和思想三大研究領域中，《莊子》同時是文學和思想領域的經典（當然對一部分「語言」的研究者也是！）。在這樣的前提下，真可謂「《莊子》一出，誰與爭鋒！」，很難擔保閱卷老師會不會因而引為知己，卻不顧其是否為「虛構」的內容。

　　若干年前，我曾批閱一篇令人讚嘆的學測文章，因為考生引用陸象山名句：「萬世之前，有聖人出焉，同此心同此理也；千萬世之後，有聖人出焉，同此心同此理也。」，當下，我雖然感到用法唐突，無法與主旨搭配，卻總覺得該生能引用名句不易，值得稱許。少頃，我赫然發現引用陸象山該段名言的考生竟有十幾位之多，不禁搖頭嘆息，其原因可想而知。

　　此外，無論大學學測、國中會考或語文競賽，能成為滿級分樣卷或得獎作品的，常常被連篇排比句、堆疊意象群，以及接二連三人物軼事所淹沒，主從不分。更嚴重的是，滿紙堆疊錦繡燦爛之後，我還是不知道作者想表達什麼。這種做法，或許偏好用典、醉心修辭的閱卷老師會買帳，但這是寫作測驗和比賽的選才目標嗎？

　　譬如 108 學年度全國語文競賽國中學生組的作文題目是「善意」，得獎作品往往開頭便以一連串的排比句、堆疊的意象群呈現，幾乎沒有例外。下文是第二名首段的內容：

> 人生，恰如四季流轉，有春之嫵媚，如沐春風樂無窮；有夏之旖旎，豔陽似火志高昂；有秋之蕭瑟，秋意襲捲百花殘；有冬之肅殺，北風呼嘯寒刺骨⋯⋯生命旅途非皆坦途，唯有以友情作泥土，用正義澆灌，以分享之樂施肥，抱著一顆無私奉獻的心種下善意的種子，孜孜矻矻、尋尋覓覓，終有歡喜收穫助人為樂的一天！

　　這段中雖然出現「善意」兩字，大部分內容卻與「善意」沒有直接關係，反而明顯想以春夏秋冬四季排比句吸引閱卷者的目光，並以「友情」、「正義」、「分享」等價值觀（它們和「善意」有何關聯，頗需辨析），對應「泥土」、「澆灌」、「施肥」等農作的意象（奇怪的是，後文卻不再使用這些意象，而是改用「舟」、「槳」、「流」等新意象？）。

　　當然，同樣獲獎的其他選手也採用這種寫法，我將在後續章節再行分析。此處我們不難看出，只要關乎「人生觀」類型的題目，幾乎完全可以套用這個模式，華麗模式的優點顯而易見，畢竟一下子就能吸引閱卷老師目光，獲獎的機率便大大增加了。

　　我卻很難認同這種寫法，原因很簡單，為了迎合閱卷老師喜好而使用華麗浪漫的修辭，難免遮蔽自我的存在感，一旦寫作者消失，文章就像一具沒有靈魂的軀體，打扮得再漂亮，不過行屍走肉罷了。無怪乎大多數人離開學校後，一聽到要寫點東西，不是沒自信就是避之唯恐不及，看來，這樣的寫作不僅製造不少行屍走肉，也成功摧毀了學生的寫作興趣和自信。

　　再者，我發現應考文章中常出現令人啼笑皆非的情節。譬如學測作

文卷中有：「坐捷運到基隆廟口小吃聚餐」、「　國父孫中山先生帶領我們推翻滿清，還有北伐、抗戰、剿匪，最後退守寶島臺灣」等奇文。當時臺北捷運是個新穎的交通工具，考生在文章中提到並不讓人意外，但臺北捷運能直達基隆廟口嗎？別說廟口，直到 2022 年也沒開到基隆吧！至於提到孫中山先生的部分很絕，或許是考生心目中偉大的　國父未曾仙逝，可是把「抗戰、剿匪，最後退守寶島臺灣」都算祂頭上，只能當作穿越小說看了吧！

　　大陸網站上瘋傳一則「學雷鋒做好事」的文章（按：「雷鋒」原名雷正興，二十二歲因公殉職，是中共宣傳「我為人人，人人為我」社會互助精神的典型）：「今天是雷鋒日，我拾金不昧。在公園撿到一億元，全部都是十塊錢，有一本語文書那麼厚！我把錢交給警察叔叔，警察叔叔說：『你真是個好孩子！』。」（老師評語：你的語文書真夠厚啊！）。

　　為了配合「雷鋒日」寫文章，學生們即使沒有什麼「我為人人，人人為我」的經驗，得努力掰一個，便出現這樣的笑話。大陸人民幣最大面額是 100 元，一億人民幣等於一百萬張 100 元紙幣，更何況 10 元的，您說這事可能是真的嗎？還不如說自己扶了十位老太太過馬路，反正沒人去查是不是老太太、有沒有十位，甚至不會懷疑到底是不是真做了，比較合常理嘛！話說回來，為了投老師所好，有必要如此胡謅嗎？

三、寫作時想求「真」，有那麼困難嗎？

　　從上面令人發噱的例子中，不難看出「無中生有」大概是最常見的，「無病呻吟」也不少，究其原因，大概是為了博得同情、投其所好，想在閱卷老師心中贏個好彩頭、獲得好成績，這算是比較積極的寫作態度。

　　相對來說，許多看似「正常」的文章，「了無新意」則是司空見慣，學生們通常選擇大家贊同的觀點陳述，即使不起眼，如果文詞敘述不致太差，至少能保住中等分數，這便是種比較消極的寫作態度。當

然，倘若學生們轉而在形式下功夫，不努力經營內容，那麼即使字句表達看似積極，卻已然走偏，與寫作求「真」的目標漸行漸遠。

寫一篇「真」的文章有那麼困難嗎？有位老師要求學生寫「接龍日記」，具體做法是兩人共用一個日記本，輪流寫日記。每次寫日記前，必須讀一下前面同學寫的日記，並針對這篇日記給那位同學寫一句或幾句話。開始時，學習差的 A 同學實在寫不了，就大膽地寫了四個字：「我不會寫。」B 同學看了，拿去問老師：「老師，他這也叫日記嗎？我給他寫什麼呢？」。老師說：「就算是日記吧！你想寫什麼就寫什麼好了。」，B 同學沒辦法就寫道：「你是一個大笨蛋！」。

又輪到 A 同學寫日記時，他看到 B 同學寫的就很生氣，一怒之下寫道：「你為什麼罵人？我很誠實，不會就是不會，我不像別人把抄來的東西當自己的充數，你知道嗎？」，B 同學接著寫：「誠實當然很好，但不等於你就不笨。那你倒說說看，你什麼地方比別人聰明？」，A 同學看了後，非常激動地寫了這樣一段話：「你還記得那次運動會接力賽嗎？根據其他組各個運動員的實力，我建議老師重新排列咱們組運動員的順序，結果咱們得了第一。老師問我怎麼想的，我說是從田忌那裡學來的，老師拍著我的腦袋說：『你很聰明嘛！』」，「還有，那次你的自行車壞了，好幾個同學幫你修都沒有修好，還是我用鋼絲代替螺絲帽才修好的。當時你還說我真聰明呢！」，這次，B 同學又把日記本拿去給老師看，老師高興地說：「你真了不起，教會同學寫日記了！」（周一貫，2017）。

類似故事中 A 同學的形象，語文課堂上絕非少見，每次上寫作課，不管老師做了多少努力，學生們總是一陣哀號，立馬有人抱怨說：「我不會寫！」，師：「怎麼不會寫？老師剛剛不是講過了嗎？」，生：「不知道寫什麼！」，師：「老師舉過很多例子了呀！」，生：「聽不懂！」，師：「上課要認真聽講！」……這樣的對話總是不斷在寫作課上演。

是老師不認真教？不是。學生卻不知道寫什麼？怎麼寫？顯然不是

說謊。上述故事中老師的睿智之處，絕對不是相信 A 讀過 B 寫的日記後，立刻有所改變，有時反而更糟吧！因為 A 可能產生更深的挫折感。老師的安排妙就妙在激將法，善用人性的自然反應，B 受不了 A 沒有絲毫進展，一定口出怨言，A 自尊心受損勢必反擊，反脣相譏下翻出的舊帳，便是老師想要的真實日記內容。

　　我還讀過另一個故事，同樣證明寫篇「真」的文章並不困難。Tom Romano 提到自己還是七年級學生時，在背靠背的自習教室裡，誰都不能講話，實在很無聊，所以他就和死黨 Jack 約好一起寫故事。Tom 寫的是緊張、扣人心弦的故事，靈感來自於戰爭電影和電視劇，有的則是曾讀過的青少年小說。當老師轉身時，Tom 就越過教室走道，把故事傳給 Jack，Jack 也把他的傳過來，兩個小孩遠遠的擠眉弄眼、相視而笑。

　　Tom 事後發現，那時所引發的寫作熱忱和喜悅，多麼強大！透過一枝筆，他可以將內心獨白躍然紙上，也可以把十二年來透過聽說讀寫所累積的，轉化成一段段的文字。當 Tom 讀著自己的作品時，他聽到自己心中的寫作熱情。因此，後來帶領寫作教師群時，他便大力宣揚讓孩子們能自由、大膽寫作的重要性，老師們該一起參與、共同寫作，多角度的拓展寫作熱情。（Romano, 2004）

　　Tom 在這段生動的回憶文字裡，暢談他小時候就聽從內心的寫作熱情，開始享受寫作帶給他的美好，雖然這讓當時的任課老師高興不起來，無疑地，他們卻絕對是寫作老師心目中的英才。然而，令人尷尬的是這份美好不是寫作課堂帶來的，相反的，正是由於課堂的枯燥、無趣，卻激發了 Tom 和 Jack 的寫作動機，或許由於這種不為外在獎勵，純粹只是一種喜好，兩個小朋友卻更樂於寫作、更樂於分享。

　　Tom 的兒時回憶，給我們討論求「真」寫作教學不少啟示：首先，Tom 的自發創作是結伴的，而且有明確的分享對象─死黨 Jack，當然，Tom 自己也是 Jack 的讀者；其次，Tom 寫小說時是有創作意識的，而且知道借用以往的經驗，作為促成自己小說風格的助力（緊張、扣人心

弦的故事類型）；再者，年幼的 Tom 已經體會到寫作的魔力，他從字裡行間獲得樂趣，同時自覺地將創作熱情化爲行動，並自由、大膽的進行各種嘗試。

那麼，寫作課堂能帶出更多的 Tom 嗎？我相信完全沒有問題，倘若我們認同求「真」的寫作教學理念，並試著去做做看，其實並不困難。

四、寫作想求「真」，應該注意什麼呢？

古人云：「如人飲水，冷暖自知。」，然而，當事者能確認所寫的真是自己的意見嗎？換句話說，學生寫完文章後，能否判斷屬於自己的部分有多少呢？姑且不論爲了考試需要，以及老師傳授的「得分秘訣」，大部分學生可能對自己的想法懵懵懂懂，沒有自覺，或只是當下的直覺感受，沒有深入思考，一段時間後再回頭看自己寫的文章，往往愕然失笑。

因此，我們不得不思考兩個問題：其一，學生寫作的「真」包括哪些範疇？我們該要求的「真」，表現在哪些方面？其二，所謂「自己心裡話」的「真」，是靜態的還是動態的？換言之，求「真」重在寫出所知所感？還是深度挖掘對外在刺激的感受？或是某種透過學習培養的「自我意識」？我認爲，學生當下的感知是靜態的「真」，後兩者則是動態的「真」。

在界定求「真」的寫作教學範疇前，我想先談談我對「真實寫作」（authentic writing）的看法。一般而言，早期大陸學者比較傾向把「真實寫作」理解爲寫作者真情實感的表達，重點觀察文章有沒有寫出作者的情感狀態和人格精神。相對來說，西方學者對「真實寫作」的研究則表現在理性的表達與分析、真實讀者和寫作目的、寫作任務和寫作情境，以及寫作的認知性上，因此，中西學界對「真實寫作」的解讀大相逕庭（魏小娜，2010）。我不是很認同把中外「真實寫作」的意見視爲對立，因爲不管感性或理性的表達都出自寫作主體，刺激源本有內外

之分，只是偏重點有別而已，《十二年國教課綱》的「核心素養」實已涵蓋兩者[2]。我希望在「真善美寫作教學模式」裡，中外「真實寫作」的觀點，都該被收納入求「真」的寫作教學範疇之中。

具體而言，寫作的「真」表現在三個方面：「真聞實見」、「真思實想」、「真情實感」。詳言之，「真」和「實」相對於「假」和「虛」，一旦學生能真切表達出所見所聞、所思所想和真情實感，才是寫作教學追求的目標。相對的，沒有相關的見聞、缺乏深刻的思考、無法歸結出自我情感，只是模仿經典或人云亦云，為了投讀者所好，即使寫得天花亂墜、文辭粲然，都不能視為好文章，如此教學成效便令人懷疑。

然而，「真聞實見」、「真思實想」和「真情實感」從何而來？它們是結果還是過程？寫作是忠實呈現它們的工具，還是不斷探索它們的利器？

很明顯的，當我提出上述三個問題時，已經不把「真聞實見」、「真思實想」和「真情實感」當作是靜態的了，寫作當然不會只是忠實的記錄靜態資料的工具而已。相對的，它是動態的，隨著年紀增長，見聞、思想和情感亦隨之變化，寫作應是協助學生探索自我的利器。

從教學的角度來看，培養學生立基於「真聞實見」、「真思實想」和「真情實感」的表達能力，可以從學生的過去經驗、外在環境訊息，乃至課堂正式學習和課餘活動中，慢慢建構起來。我們期待學生持續進步、日新又新，故而「真聞實見」、「真思實想」和「真情實感」三者既是學生感知的一切，也是未來持續成長發展的累積。因此，寫作是記錄當下一切的工具，同時是探索自我的利器。

假如您還能接受上述觀點，或許應該贊同：「學習寫作」（Learn

---

2 「核心素養」既強調要「適應現在生活及面對未來挑戰」，寫作主體的理性和感性應兼具，又認為學生應具備「知識、能力與態度」，所以引發「真實寫作」的內外在刺激源不可偏廢，而且一旦「關注學習與生活的結合，透過實踐力行而彰顯學習者的全人發展」，中西學者的「真實寫作」皆有用武之處。

to Write）固然重要，是老師傾全力想要帶給學生們的，與此同時，或許可試著接納「透過寫作來學習」（Write to Learn）的觀念和做法。這時，寫作就不是忠實記錄所知所感的工具，而是陪著學生探索大千世界的良伴、利器了。

曾讀過雷伯倫先生《中華文化與中國的兵》一書，他痛陳秦漢之後開展募兵制，雖然提升了戰鬥力，卻讓讀書人尚武精神不再，國家民族意識不強，軍閥擁兵自重，往往割據為亂，許多人高論救國，卻以入伍當兵為恥（雷伯倫，民60）。我馬上聯想到，目前的寫作教學不正是如此？為求速效，一味教給學生考試和比賽得高分要訣，演練名言佳句、修辭技巧和抒情敘事技法，換來的卻是學生認為寫作是考試的事、老師的事、求學階段的事，完全沒有學習憧憬，能應付就應付，或者把寫作當成某些天才的絕活，跟自己毫無關係，甚至深惡痛絕。

這真的是我們要的結果嗎？如果不是，何不反璞歸真，透過求「真」的寫作教學，拋開功利和虛浮的面具，找回直書胸臆的寫作初衷呢？！

怎麼教才算求「真」？

前文曾提到，寫作的「真」表現在三個方面，分別是「真聞實見」、「真思實想」、「真情實感」。然而，這個看似平凡無奇、理所當然的訴求，卻是今日寫作教學萬分艱難的一步。長期累積的「莫名其妙」做法下，學生已經被制約了，或許他們早不知道「真聞實見」、「真思實想」、「真情實感」為何物，或者不認為自己有那些東西能拿出來寫（怕寫出來的被笑，或者惹怒老師？）。

相對而言，老師何嘗不是如此呢？或許他們被制約得更澈底。老師們並非覺得學生的「真聞實見」、「真思實想」、「真情實感」不重要（高分第一！），而是篤定學生根本沒有「真聞實見」、「真思實想」、「真情實感」。是的！您沒看錯，老師不認為學生有這些東西可

寫，他們始終堅信「我沒教，學生就不會！」。我不再贅述這個迷思，前文已然論及。

一旦願意拋開「我沒教，學生就不會！」的偏見，而且相信學生有「真聞實見」、「真思實想」、「真情實感」，接下來，便能討論寫作可以怎麼教，如何引發學生寫作的「真」了。

一、提供各種活動刺激學生主動寫作

學生寫作的「真」包括「真聞實見」、「真思實想」、「真情實感」三個方面，所以既要激發學生寫出真實的想法，且能對應「聞見」、「思想」、「情感」三個面向的展現，寫作教學該做些什麼呢？我認為，老師應先準備引發寫作的各種刺激，學生才能創作出「真聞實見」、「真思實想」、「真情實感」的文章。

「真聞實見」的方面，我建議老師們可以找一些閱讀或聆聽的媒材，刺激學生的寫作熱情。學校裡閱讀材料很多，不在話下，現今更是影音盛行的時代，老師想尋找視聽媒材並不困難。然後，便是課堂閱聽後設計思辨性的問題，讓學生透過寫作完整地答題，回答的內容不能敷衍了事，至少得包括「觀點」、「理由」和「分析」三個要素才行。

其實，小學國語課堂上就可以練習「真聞實見」的寫作。老師直接拿國語課文作為刺激源，透過思辨性的問題，讓學生寫出閱讀後的想法。拙著《湖心投石閱讀教學模式的實務》中，設計不少包括「判斷」、「評論」、「連結與聯想」、「比較與對照」、「推論」、「創造」等思辨性的提問，以及老師如何引導思考與對話的技巧，可以提供大家參考。（馬行誼，2018）

「真思實想」的方面，除了上述閱讀和聆聽媒材外，我更希望在某種具體情境的問題解決需求下，學生必須動腦筋提出可行方案，再透過文字將方案陳述出來，這是完全貼合《十二年國教課綱》的「核心素養」訴求的。什麼是「具體情境的問題解決需求」呢？前文曾提到，美國寫作名師的孩子小時候迷上電視遊樂器，常常纏著媽媽讓他玩，這位

老師靈機一動，便要求孩子寫出十二個玩電視遊樂器的理由，「具體情境下的問題解決需求」是孩子央求媽媽讓他玩電視遊樂器。當然，這得注意是從「孩子」的立場出發，並不是媽媽（老師）的。

　　同樣地，老師們可以在課堂上實施「真思實想」的寫作練習，而且做到《十二年國教課綱》所期待的「跨領域」學習目標[3]。前文曾提過的美國「探究式寫作教學」，便是結合五個學科領域的「STEAM」（「科學」、「科技」、「工程」、「藝術」和「數學」），讓學生將學習所得轉化為圖文書寫。

　　更重要的是，這絕非聽課筆記，學生得在老師的作業設計下，深入的「蒐集資料」、「評估證據」、「比較方案」、「質疑假設」、「建立論點」和「考慮反例」等具體操作，才能完成老師所交付的任務（曾多聞，2020）。譬如，國外有大量把自然科學和讀寫結合的研究，其中包含教學目標、重點、方法、步驟和評量等建議，內容包羅萬象（Norris & Phillips, 2003; Washburn & Cavagnetto, 2013; Cook & Dinkins, 2015; Nesmith, Ditmore, Scott, Zhu, 2017）。甚至美國國家和州級的自然科學課程標準，也有類似的規定（National Research Concil, 2012; NGSS Lead States, 2013）。因此，若想在臺灣的小學課堂實施，或可依據數學、社會、自然、藝術等學科的特性，設計問題情境，讓學生嘗試解決後，再寫下研究或操作的細節，並向全班進行口頭分享。

　　「真情實感」的方面，我建議採用「自由寫作」（free writing）的理念。「自由寫作」是由 Dorothea Brande、Peter Elbow、Natalie Goldberg 和 Julia Cameron 等人倡導的一種寫作技巧和活動。簡單的說，「自由寫作」是要釋放作者原有的創作能量，讓寫作過程產生無限的可能，同時，寫作者也能從自信舒適的氛圍中得到創作的樂趣與成就感，甚至產生某種自我療癒的效果（Cameron 著、鍾清瑜譯，2010）。

　　怎麼實施「自由寫作」的活動呢？正如「自由寫作」倡導者

3　請參閱 https://12basic.edu.tw/12about-3-2.php。

Natalie Goldberg 在《狂野寫作》一書所提出的「寫作練習的法則」如下：（Goldberg 著，詹美涓譯，2017，pp24-29）

1. 手不能停：在規定的時間（5、10 或是 20 分鐘）內，不能停筆。
2. 不要控制：把你想說的說出來，別擔心說得是否正確，是否合乎禮節或是否適切，儘管讓它傾洩而出。
3. 具體描述：不要只寫「車子」，要寫「凱迪拉克」；不是「水果」，而是「蘋果」；不是「鳥」，而是「鷦鷯」…。
4. 不要想：我們通常活在念頭的念頭中，而不是靈光一現的第一個念頭之中，把腦中的第一個念頭立刻寫下來。
5. 別擔心發音、文法或拼字是否正確。
6. 你有寫出全國最爛文章的自由。
7. 直擊要害：挑戰令你害怕的主題，那是能量蓄積的所在。

　　或許有些老師看到如此鬆散的寫作活動中，幾乎沒有任何教學介入，便對其成效打個大大的問號，一開始我也是如此。因此，我的一位研究生就用他的班級做了一番嘗試，想不到成效令人十分滿意，學生們的潛能無窮，在在證明學生不是非得老師教才會寫，對於寫作，他們從來不是從零開始的。（江徐睿，2018）

　　然而，我想再強調「自由寫作」能引發學生「真情實感」的重大意義。它是從生活經驗出發，在切身感受中抒寫，即使學生最初有些不知所措、不太順利，寫的東西可能讓您大失所望，都很正常。須知「自由寫作」對於讓學生從寫作中找回自我，以及培養寫作習慣和熱情兩方面，影響極其深遠，繼續堅持下去，絕對是成果豐碩的。

二、積極安排正向且持續的鼓勵氛圍

　　倘若您想讓學生寫出「真聞實見」、「真思實想」、「真情實感」，就得與以往的思考角度有所不同，老師該考慮的不是怎麼「教導」，而是怎麼「引導」，讓學生嘗試寫出心中所想。因此，寫作老師提供各種作業來刺激創作熱情固然重要，安排一個多元正向、持續鼓勵

的氛圍更爲關鍵。

　　爲什麼呢？學生剛開始寫作，眼見老師不主動介入，又提供多元的作業活動，再加上正向且持續的鼓勵，他們就更願意暢所欲言，積極探索自己的想法。須知學生以往寫作時不被尊重，早已習慣聽命於老師的教導，一旦想要他們自由發揮，卻不願給予正向鼓勵，想要學生暢寫心聲談何容易！

　　然而，即使老師不主動介入，又提供多元的作業活動，再加上正向且持續的鼓勵，學生並不會馬上轉變，更何況什麼都不做！因此，我建議三種做法都得兼顧，而且長久的持續下去，否則將功虧一簣。

　　要怎麼實施呢？我建議參考大陸江蘇語文特級教師管建剛的做法。管老師撰寫的《我的作文教學革命》提到（管建剛，2010），他早在自己班上建立《班級作文周報》（又稱《評價週報》）的制度，從 1998 年開始到成書的 2010 年（第二版），做了至少十二年。這份「週報」始終堅持定期出版，包括「錄稿」、「定稿」、「排版」、「出版」等流程一絲不苟。顯然，管老師把這件事看得很重要，學生一旦感受到老師的熱情，自然非常投入。

　　這樣就夠了嗎？管老師擔心一、兩個月後，學生對《班級作文周報》的新鮮感降低，學習效果勢必大打折扣，他便發展出所謂「動力系統」。我想特別介紹管老師的第一個「動力活動」──「等級評獎」，依學生的實際表現，管老師給他們發「作文新苗卡」、「作文小能手卡」、「班級小作家卡」。小朋友原本就喜歡蒐集卡片，再加上三種卡對應三個等級，各象徵不同榮譽，所以效果很不錯。

　　具體的操作方法是：獲得三張「刊用紀念卡」可換取一張「作文新苗卡」；獲得「作文新苗卡」後再發表五篇文章，便可取得「作文小能手卡」；獲得「作文小能手卡」後再發表七篇文章，便可取得「班級小作家卡」；「班級小作家卡」之後的最高獎項是「班級諾貝爾文學獎」，前提得在《班級作文周報》裡出過兩個專版，當然，是個非常困難的挑戰。我認爲，激發小學生的好勝心理，絕對是提高其寫作意願和

熱情的不二法門。此外，管老師還安排「積分活動」和「稿費活動」，同樣對刺激學生的寫作動力，具有非常明顯的效果。

除了「動力系統」外，管老師還設計「助力系統」，一樣能激發和延續學生的寫作熱情。比如讓寫作困難或久久無法刊出作品的學生，有機會展現自己文章亮點的「佳句精選」，免得讓他們覺得發表只是少數人的專利，自己永無出頭之日，寫作熱情難免消退。為了讓學生知道對同一事件，可以有不同的觀點，管老師便規劃「故事爭鳴」活動，甚至讓正反雙方、觀點對立的文章同時刊出。如此做法可消除學生對「一言堂」的顧忌，也間接鼓勵學生勇於書寫不同意見，但前提是以理服人，不能淪為謾罵或為反對而反對。

此外，管老師還安排「心語港灣」、「話題辯論」、「我的名言」、「想像接力」、「收藏童年」等活動，這些都屬於「助力系統」，其中，我想特別介紹的是「話題辯論」。管老師選擇許多「兩難」話題，比如「想成為明星，好不好？」、「同桌自選還是老師安排好？」、「流行歌曲進課堂，該不該？」、「網絡遊戲，好不好？」、「老師嚴屬，好不好？」、「作業，多好還是少好？」、「和伙伴嘔氣，該不該先低頭求和？」……等，讓學生自由地針對生活的話題，信筆抒懷。

很明顯地，由於話題出自學生生活，充滿新鮮感，老師時不時安排這樣的活動，既可引發學生的「真聞實見」、「真思實想」、「真情實感」，又能強化與維持學生的熱情和動力，一舉兩得，非常值得老師們參考。

據我所知，不管是紙本刊登或在部落格上，不少老師曾和管老師一樣辦過類似《班級作文周報》的班刊，卻往往虎頭蛇尾，很難堅持下去，原因無非是學生熱情不再，或老師批改負擔太大。我想，管老師的「動力系統」和「助力系統」便足以維持創作熱情，而且由學生組成的編輯群，不僅大大降低老師的負擔，連帶能訓練學生文章修改能力和培養讀者意識，豈不一舉多得！

三、老師適時分享自己的寫作和思考

當前文提到，為了讓學生寫出「真聞實見」、「真思實想」、「真情實感」，老師該考慮的不是怎麼「教導」，而是怎麼「引導」時，或許有些老師直觀地認為這是要放牛吃草，或設計若干活動後，等待收割學生的寫作成果就行。不！這絕對是天大的誤會。事實上，「引導」式教學比「教導」更不容易，試想，既要尊重寫作主體，又得因應個別差異，教學怎麼可能輕鬆？！相反地，將對寫作教師專業知能有更大的考驗才對吧！

先談談設計各種寫作活動。不管是激發「真聞實見」和「真思實想」的外在學習活動，或是誘發「真情實感」的內在心靈書寫，哪一種不需要老師或前或後的示範、對話、陪伴、鼓勵和回饋呢？老師什麼都不做，怎能期待光靠設計好的學習活動，學生自然寫出好文章呢？絕對不可能！

例如，為了激發學生的「真聞實見」，倘若老師採用「湖心投石閱讀教學模式」，學生只根據課文回應思辨性的問題還不夠，老師得同時並持續與之對話，讓他們說得更多、更深入、更完整，寫出來的才能言之有物，不會應付了事，學生因而體會思維的樂趣、表達的成就感。

從老師的角度來看，每位學生都是獨立思考的個體，他們會怎麼思考、思考出什麼，不盡相同，老師得因材施教，才能培養獨立思考的習慣。就這樣，您還覺得老師輕鬆嗎？引導學生「真思實想」的寫作活動也是如此，儘管在「STEAM」理念下依然得保留學科專業知識，以及藝術化、科學化的思維和操作程序，其他的，寫作老師就置之不理，讓學生無限制的自由發揮嗎？怎麼可能！

為了讓學生寫出「真情實感」而採用的「自由寫作」，我非常建議老師跟著一起寫，讓學生知道老師正做同樣的事，師生間的信任感和夥伴關係必然遽增，學生創作意願將相應提高。但是，老師千萬別認為這不過是「以身作則」的老生常談罷了，做了就好，不做也無傷大雅，殊不知背後有重大意義。

　　大陸暢銷童書作家楊紅櫻在 2011 年「香港書展」的「兒童文學作家講座」中，曾以「我爲什麼爲兒童寫作」爲題發表一場演講[4]。楊紅櫻提到自己十九歲剛開始工作時，就想當一個「孩子喜歡的老師」，因爲她堅信孩子喜歡某位老師就會喜歡她教的課。不出意外，楊紅櫻的學生們當然喜歡語文課，而且他們的寫作成績非常突出，遠遠超過全區同年級的小學生。

　　爲什麼會這樣呢？楊紅櫻說他那時代孩子們可讀的書不多，巧婦難爲無米之炊，她想想不如自己來寫，所以就迎合學生愛好創作「科學童話」，而且力求讓孩子們都能讀懂。她任教的六年間寫了八本書，每本「科學童話」裡既有知識成分，也蘊含著一個做人的道理。

　　楊紅櫻特別強調，她只爲孩子們寫作，不爲成人，就算不再當老師了，陸續出版的暢銷書如《女生日記》、《淘氣包馬小跳》、《笑貓日記》等，均是面向小孩子讀者的，所以她自謙不是什麼知名作家。由於她堅信「眞誠的寫作，收穫眞誠的閱讀」，就這樣，學生們便有個眞心喜愛的模仿對象（紅櫻老師），見賢思齊，學生的寫作能力自然提升，沒有阻礙。

　　除了親身示範外，當年楊紅櫻老師在課堂上花多少時間教寫作，我們無從得知，她的演講中卻透露兩個訊息，我認爲是引導學生眞實寫作的關鍵：一是思考寫作的功能和目的，就是釐清「爲什麼要寫？」的問題；二是鎖定將要面對的目標讀者，就是確定「爲了誰而寫？」的問題。

　　關於第一個問題，《十二年國教課綱》國語文領域的「文本表述」，詳細區分爲「記敘文本」、「抒情文本」、「說明文本」、「議論文本」、「應用文本」，然後用學術定義說明各類文本的內涵。比如「記敘文本」是「以人、事、時、地、物爲敘寫對象的文本」；「說明文本」是「以客觀、邏輯、理性的方式，說明事理或事物的文本」；「議論文本」是「以論點、論證、論據方式，表達對人、事、物看法的

文本」。

　　這樣的學術定義下，是否暗示學生的文章只要符合定義就好了呢？換言之，假如學生寫記敘文，只要文中有「人、事、時、地、物為敘寫對象」就可以了嗎？倘若寫的是議論文，只要有「論點、論證、論據」就一切搞定了嗎？當然不是！「記敘」的目的是要交代清楚，「說明」的目的是要完整介紹，「議論」的目的則是要說服他人，任何寫作有其具體的功能和目的，不只是為了符合文體規範。

　　因此，美國《CCSS 課標》的寫作部分雖然一樣使用文體的概念，課程要求卻是功能取向的，目的性非常明確。以《CCSS 課標》一年級的「文體與目標」為例，就是「完成議論文，能告訴讀者所描述書籍的題目及內容，以及作者對該書的感想，並提出原因支持自己的感想」、「完成說明文，能告訴讀者所陳述的主題，舉出一項與該主題有關的資訊，並提出結論」、「完成記敘文，能描述幾件事情的發生順序，解釋前因與後果，並有合理的結尾」。（Common Core State Standards Initiative, 2010）

　　隨著 k-12 年級的增加，《CCSS 課標》對各文體的功能和目標，皆有非常明確、逐級地發展軌跡和操作建議，這與《十二年國教課綱》中「文本表述」的學術性定義方式，顯然大相逕庭，相形之下，到底何者對寫作教學有具體的指導作用呢？相信不難窺知。

　　寫作的功能和目的有很多，譬如 Anthony・Haynes 在《作文教學的 100 個絕招》中提到寫作的目的有 102 個之多（Haynes 著，楊海洲、杜鐵清譯 2007），例如：為了道歉、為了控訴、為了應用某物、為了宣布某事、為了評價、為了安排、為了表達、為了詢問、為了感慨、為了寫遺囑、為了禁止、為了敲詐、為了取消、為了慶祝、為了挑戰、為了核實、為了聲明、為了澄清、為了安慰、為了解釋、為了溝通、為了抱怨、為了隱瞞、為了確認、為了使人迷惑、為了關心、為了使人信服、為了批評、為了糾正錯誤、為了表達異議、為了加強印象、為了找藉口、為了娛樂、為了開導誰、為了銷售、為了誤導、為了組織、為了

保護、爲了使人爲難、爲了引起注意、爲了提醒、爲了質疑、爲了拒絕、爲了反駁、爲了計畫、爲了警告、爲了思考、爲了責罵、爲了玩笑、爲了預訂……（p69）。

除了引導學生思考寫作功能和目的外，Routman（2005）建議讓學生把自己當成作家，老師該做的是啓發（學生）個性、動筆示範、寫前支持性的談話、讚賞學生的努力、眞誠肯定、爲一個眞實目的而寫、做一個有價值的讀者（p21）。如能做到這些，在學生寫作求「眞」的階段裡，便同時解決「爲什麼要寫？」和「爲了誰而寫？」兩個問題。

或許有人誤會，既然要求學生寫出「眞聞實見」、「眞思實想」、「眞情實感」，只要出自學生本心，且符合情境需求不就好了嗎？當然不是！任何寫作都要有明確的功能和清晰的目標，而且文章是給人看的，故而「眞實」不代表閉門造車，或是自娛自樂而已。

然而，希望這些寫作要求得以落實，老師的親身示範必不可少，畢竟我們教的是人，而學生需要典範來借鑑、模仿。正如楊紅櫻說的「孩子喜歡老師就會喜歡她教的課」，讓孩子喜歡的方法很多，對寫作課來說，能和他們一起寫作的老師，自然更受歡迎。

四、讓師生的談話貫串寫作的前中後

《十二年國教課綱》的「國語文」部分，明確在「教學實施」中提到「寫作練習：由口述作文開始引導，著重學生興趣的培養；進而轉換成筆述作文，引導學生主動寫作，並與他人分享；最後培養學生能熟練筆述作文，樂於發表的寫作習慣。」，這便是我們熟知的先「口述」再「筆述」的教學觀。

先「口述」再「筆述」的教學觀起源甚早。早在 1929 年的《小學國語課程暫行標準》就有「作文作業，分爲練習的和研究的兩類。練習的一類作業，則又分爲口述和筆述兩種方式。口述的作業，練習以口語表情達意；筆述的作業，練習以語體文表情達意。」想不到，「口述作文」竟然存在國家課程文件中近九十年之久。此外，如錢穆、朱自清

（〈標準與尺度〉）、葉聖陶等名家（葉聖陶，2008），同樣反覆強調「說話」對「寫作」的助益。

　　接著我們要問：「該怎麼做呢？」，很遺憾地，國內幾十年來頒布的兩個課綱並沒有交代。大陸的第一線老師卻提出不少做法，比如：「看圖說話式」、「聽說結合式」、「敘說事情式」、「議論是非式」（李廣愛，1999）；「看圖寫話」、「活動寫話」、「操作寫話」、「觀察寫話」、「聽後寫話」、「續編故事寫話」、「拓展寫話」、「情景寫話」、「寫日記」……（趙凌瀾，2017）；「四步口頭作文法」（王連生、楊明彬、李同彬，2007）。這些建議各有特色，實踐性很強，參考價值不低，但即使同樣是師生對話，教學情境的影響依然巨大，所以與其仔細分析各種建議爲何，不如談談中外老師的具體做法。

　　1919 年秋，二十六歲的錢穆先生擔任無錫後宅鎮泰伯市立第一初級小學的校長，並兼任四年級生的寫作課，很受學生歡迎。錢穆先生的《師友雜憶》書中，對自己這段年輕時的教學過程，有十分詳細的說明（錢穆，1998）。我引用其中一段內容，並嘗試轉譯成淺白文字呈現之。

　　　　某次，錢先生要學生們習寫故事。故事的內容可以是傳聞，也可以是親眼目睹的。故事的來源不論是來自家庭、或者出於鄰里，還是和附近的名勝古蹟、橋梁寺廟有關的都行。但是，一定要選擇最動人的部分來寫……。每寫一篇文章，學生們要彼此討論觀摩，各出心裁。此外，錢先生對學生的要求是每句話都要處自內心，而且要寫得如在目前。（p115）

　　上述教學過程中，錢穆先生指出寫作和討論的兩個前提：一是選擇最感動的部分；二是每句話都要出自內心。其實此兩者關係密切，最感

動的必有感動的理由，自然不至於無話可說，而且感動之情出自內心，如實陳述，每句話都是自己最真實的心聲。

相較之下，我認為外國老師似乎更了解對話和討論對寫作的重要性。Amy Alexandra Wilson 是位美國中學老師，她在班上想嘗試名為「寫─說」（write-talk）的活動，這是一種簡短引發動機的談話，用來促使學生積極參與寫作活動。

Wilson 老師找了一些孩子敬佩的大人，讓大人們提出他們的「寫─說」內容，比如大哥哥會分享他們寫過的歌詞；媽媽會分享她通知員工有關公司政策的 E-mail；運動員會分享他在網路上寫的賽事規劃，和運動統計數據等訊息；大學生分享課堂筆記，強調這些筆記怎麼協助他理解和記得知識；大姊姊則分享她用於競爭學生自治團體幹部時的滑稽諷刺小短劇……。

這時，講臺下的中學生可不是聽聽就算了，他們得提出問題請臺上大人回答，比如：您有沒有什麼寫作步驟？您的目標讀者是誰？他們怎麼回應？您多常做這類的文章？為什麼？您對我們班上同學在寫作方面有何建議？您寫這些文章有何樂趣？為什麼？有什麼困難？為什麼？……。最後，Wilson 老師要求學生將所得寫下來，加以討論，並在日後的寫作活動中試著模仿看看。（Wilson, 2008）

寫作時聊一聊的好處多多：交流性的談話可讓作者重新檢視自己的想法，以及目前已經完成的文章，監控文中缺漏和不足之處；交流性的談話引發見賢思齊，學習同儕好的點子和寫法，以彌補自己作品的不足；交流性的談話還能獲得讀者的想法，使學生寫作時更具有「讀者意識」，這是任何一位成功作家不可或缺的能力。（Reid, 1983；Richard, 1995）

對老師而言，寫作時的談話能了解學生的寫作困境，適時予以協助，還可以伺機加入一些教學的成分（比如修辭、結構的提醒），化枯燥的規則傳授為積極的寫法建議。此外，老師更能把班級經營、心理輔導、學習態度和人生價值等融入，讓談話不僅有益於寫作，還可擴及其

他層面，因而增加學生寫作的深度，也算是預料之外的驚喜。

　　我建議談話之前，先讓學生依照老師的說明，花幾分鐘想想，提筆三言兩語地寫下自己想到的，再進行談話。否則談話時很容易開始風風火火，一會兒就不知說什麼才好，或者東一句，西一句，根本沒想好就急著搶話，這樣的談話容易以失敗告終。

　　寫完談話的草稿後，先讓兩兩學生相互談話，老師再伺機加入，有說也有聽，聽的那方可提問，要求對方回應，倆倆談話結束後，老師讓某些學生對全班同學說說自己的想法，臺下聽講的同學可以提問，相互交流。寫作後的談話，先由學生相互唸出對方已完成的作品，然後說說自己的寫作動機、想法，以及遣字用詞、布局結構等的規劃，這時仍是學生兩兩交流，相互分享提問。這種學習方式，已經被腦神經科學相關研究證實十分有效（Oakley, Rogowsky, Sejnowski 著、王新瑩譯，2021），對寫作教學自然也是如此。

　　如果時間允許，老師不妨找表現較好和中等的學生上臺，由旁人唸完其作品後，讓他們說說自己的寫作構想，再接受臺下同學及老師的提問。結束後，老師藉機說說自己想法和寫作規劃，提供學生比較、參考和學習。完成寫作前、後的談話，老師得留時間讓學生寫下談話的內容，或者將文章再做修改潤色，否則無法突顯談話的即時效果。

五、適時提供不同的思考方法建議

　　或許有老師會問：「學生如果沒想法怎麼辦？或是全班想法太相似，我哪知道是不是他們真實的想法？更重要的是，好像我自己也沒那麼多想法，怎麼辦？」，這些實務性的問題涉及許多重要觀念，需要一一釐清。

　　首先，寫作想法不會等在那邊，我們伸手就有，當然是思考出來的，參與鍛鍊思考的練習後，可使想法更多元、更深化。您可能接著問：「那是學生自己的想法嗎？」，當然是！您不是告訴他們該有什麼想法，而是引導他們透過不同思考方式得出想法，所以絕對是他們自己的。

　　其次，學生們的想法若是太接近，您不必太過驚訝或失望，畢竟我們以往重視的是標準答案，團體內常有期待共識、排斥異類的傾向，所以教學之初學生不願當「出頭鳥」很合理。我們需要以不同作業活動和積極正向鼓勵，以及老師親自示範與提供輔助性的談話，學生才敢暢所欲言。

　　這是一段艱辛卻值得的努力，所幸通常學生年紀越小，教學效果越好。學習思辨本該是學生的求學目標之一，儘管想法會隨年齡、境遇和心態轉變，思考能力卻無疑是可伴其一生的學習利器。

　　再者，老師不必擔心有沒有比學生更多的想法，正常的狀況下，您絕對不會比學生多，卻會更明確、更有品質，前提是您能持續保持思考的習慣。老師要做的是引導而不是教導，透過對話建議學生不同的思考方式，協助他們產出自己的想法。不必和學生比誰的點子多，即使在教學最後展現您的想法時，目的也不在與學生一較高下，而是提供他們不一樣的想法而已。當然，為了更好的引導學生，老師除了養成寫作習慣，得自覺的在生活中強化自己的思辨邏輯。

　　該引導什麼思考內涵呢？前文曾提到拙著《湖心投石閱讀思考模式的實務》書中，便針對閱讀文本內容，提出如「判斷」、「評論」、「連結與聯想」、「比較與對照」、「推論」、「創造」等的思辨性問題設計，以及如何與學生深入對話的建議。此外，山口拓朗的「九宮格寫作術」（山口拓朗，2020）也是引發學生寫作思考的好方法，老師們不妨一試。小川仁志的《這麼動人的句子，是怎麼想出來的》書中（小川仁志著、劉錦秀譯，2014），提出「產出好點子的十種思考架構」，茲條列前六種思考架構如下：

1. 定範疇、分類：依事物的種類、屬性分組。例如，用親中與親美把各個國家歸類分組。
2. 從主觀客觀來看：從主觀客觀看待事物。比方說，從我的角度看自己早上刷牙這件事，與從他人角度看我早上刷牙這件事。
3. 根據時間或空間：把事物放入時間與空間的架構中，找出差異。就

像高中同學認識的我，和現在公司同事對我的看法，一定有不同的見解。

4. 用不同的理念、觀念：不再依賴「眼見為憑」，而是從多方面思考，看穿事物的本質。例如，有個男人牽著小女孩的手，在你看來是慈愛的爸爸牽著女兒出去玩，實際上卻可能是誘拐兒童。

5. 找出事物的動態脈絡：所有事物都是進行中的，即使是路邊靜止的花朵，其實也正在凋零。

6. 辯證法，去異求同：任何事物都有正反面，透過辯證法，就能將「負面」轉換為「正面」。例如，因為書本很佔空間又厚重，一次帶很多本很不方面（負面），但把書和電腦結合，發展出電子書，就能用筆電和平板，一次帶很多書出門（正面）。

　　很有趣吧！面對同一件事，透過不同思考架構就能寫出迥然不同的內容，一旦學生掌握思考架構，還會抱怨不知道寫些什麼嗎？當然不會！可能有老師質疑：「這樣算是學生的想法嗎？思考架構不是老師給的嗎？」，沒錯！「思考架構」是老師建議的，思考出來的內容卻是學生自己的無疑，就像給獨木舟的選手一支划槳，這位選手划得好不好、划向哪個方向、賽場上能不能得名，可不是那支槳能決定的，完全取決於選手自己。

　　舉「從主觀客觀來看」為例，「從我的角度看自己早上刷牙這件事，與從他人角度看我早上刷牙這件事」，「我」來看自己早上刷牙這件事，學生想法不同，就會寫出天差地別的內容。同樣地，學生選擇的「他人角度」更是海闊天空，可能是爸爸的、媽媽的、爺爺的、奶奶的、兄弟姊妹的、同窗好友的、老師長輩的……，就算選的都是「媽媽的」，難道真的如流行歌曲唱的「天下的媽媽都是一樣的」？或許母愛大致相同，「看我早上刷牙這件事」未必一樣吧！更何況還有我「刷牙」的不同表現呢！

　　讀到這裡，或許大部分老師會贊同該引導學生寫作求「真」的理念，透過具體寫出「真聞實見」、「真思實想」、「真情實感」的文

章，讓寫作教學有一番新的風貌，卻可能對完全不教導寫作的知識和技巧感到不安，「難道完全放任學生形式和技巧的錯誤不管嗎？」，這是老師們共同的質疑。沒錯！是先放著不管，但學生寫出來的東西或許並非那麼不堪，原因有二：一是學生們的寫作從來不是從零開始的，年紀越大的學生越是如此。老師沒有特別要求，學生還是寫得很棒（形式和技巧），老師自然給予鼓勵；寫得不好也不必太苛責，畢竟求「真」的重點不在此，若如同以往一味督責文章的形式技巧，反而又回到傳統的窠臼。

　　二是寫作求「真」的過程中，透過老師的示範、同儕的討論和分享，為了獲得掌聲和怕丟臉，或許原本寫作的基本錯誤反而更容易修正（比如錯別字或不流暢敘述），這種基於榮譽感和同儕分享的自我精進，或許比老師的嚴厲糾錯效果更好，畢竟有時學生不是不知道該怎麼做，只是懶得做或不用心罷了。

求「真」教學活動舉隅

　　本節中，我想推薦幾種求「真」的教學活動，並且以「真聞實見」、「真思實想」、「真情實感」作為標題，詳細介紹相應的教學活動。但是，此處我要把順序倒過來，先「真情實感」，再「真思實想」，後「真聞實見」，為什麼非得這麼做呢？由於求「真」的活動雖然多樣，刺激源卻有內外之分，且回應刺激所需具備的知識量差距頗大，假如老師們想從低年級開始引導，勢必得先從學生的生活經驗出發，而且從知識量較少的刺激源做起。

　　由於「真情實感」的寫作活動應來自學生的生活經驗，且不需要太多知識量和思考深度，所以優先實施，「真思實想」則可以生活經驗為材料再加工，故而這類活動次之，「真聞實見」較依賴外在豐富的刺激源，學生得處理聞見之所得，才能有效完成求「真」的要求，於是最後才安排。因此本節的順序是先「真情實感」、再「真思實想」、後「真

聞實見」，實乃出於刺激源性質、寫作主體的考量，然三者的重要性是不分軒輊的。

一、「真情實感」的寫作教學活動設計

㈠「晨間隨筆」不一定在「晨間」

我曾在前節「真情實感」的敘述中提到「自由寫作」的觀念，並列舉了 Natalie Goldberg 在《狂野寫作》提出的「寫作練習的法則」。但這畢竟是作家或有志於文學創作者的自我提升練習，且「法則」有點籠統，更重要的是，它能在學校課堂上實施嗎？直到我讀到 Julia Cameron《創作、是心靈療癒的旅程》書中的「晨間隨筆」後，便有了些具體的想法。

什麼是「晨間隨筆」？Julia Cameron 的說法是：（Cameron 著、鍾清瑜譯，2010）

> 什麼是晨間隨筆？簡單的說，晨間隨筆就是三頁手稿，是完完全全的意識流。「哦，天哪，又是早上，我沒有東西好寫，我需要寫窗簾。昨天去乾洗店拿衣服了嗎？……」……寫作只不過是一種工具，隨筆就是在紙上隨手記下腦子裡隨時想到的東西，不論事情多小、多傻、太多、多怪，都值得記下來。……如果想不到東西好寫，就寫：「我想不到東西好寫……」就這樣寫滿三頁。不管寫什麼，就是寫滿三頁為止。
>
> ……除了你，不會有其他人知道。除了你，沒有人可以看你的晨間隨筆；甚至剛開始的八個禮拜，連你自己都不該看。……晨間隨筆偶而會多姿多采，但往往是負面的，經常是東拉西扯、自怨自艾、了無新意、誇張或幼稚、憤怒或乏味，甚至看起來傻氣。很好！（p32-33）

　　結合 Natalie Goldberg 和 Julia Cameron 的說法後，我嘗試將「自由寫作」的理念落實於小學語文課堂中。大概是四年多前，剛好我指導的一位江姓老師想寫有關「自由寫作」的碩士論文（江徐睿，2018），我便建議他在班上做做看，當時我們商量的做法如下：

1. 每位學生買一本「隨想札記」（老師可以自己想名稱）的小筆記本，小筆記本樣式相同，每頁有一條條橫線，最好頁面上可以標註日期。

2. 開始的第一、二週，每週五天，學生天天寫一篇札記，每次只寫五分鐘（時段最好固定），時間一到就收起來，老師不去看學生寫了什麼，學生也不能要求重看或修改。告訴學生兩週十次的札記寫什麼都行，想到什麼就寫什麼，不必考慮長短、像不像一篇文章，東一句西一句的無所謂。如果想不到什麼可寫，就直接寫「我想不到寫什麼」或「我不知道寫什麼」，五分鐘都這樣寫也沒關係（除了愛搞怪的，其實大部分學生不會如此），老師絕對不會去翻看或打分數的。

3. 第三週開始，時間增長為十分鐘（時段固定），其他要求照舊。第四週也是一樣，只不過五天中的選任兩天，先不收回札記，要求幾位寫作表現好的上臺念自己的札記（自選的），然後開放臺下同學讚美（不是批評喔，這要和全班先說好！）和提問，老師不干預。

4. 第五到八週，每天也是寫十分鐘（時段最好固定），並要求學生寫一到兩個事件。每週安排兩到三天，先不收回札記，學生交換札記後上臺朗讀（唸出別人的札記），朗讀完開放臺下同學讚美和提問。不僅如此，學生的札記至少與兩位同學分享，並在札記下用紅筆寫建議和讀後感，老師不干預。

5. 第九到十二週，每天寫十五分鐘（時段固定），每週安排兩到三天，要求學生寫兩到三個事件，慢慢限定範圍。先不收回札記，學生交換札記後上臺朗讀（唸別人的札記），再開放臺下讚美和提問，老師不干預。

　　據江老師反應，開始學生對每天要寫五分鐘札記感到新奇，不久便

失去耐心，不是叫苦連天，就是想盡辦法出公差逃避，最後還是堅持下來了（當然是老師的要求）。雖然說好的不要看學生札記，江老師還是忍不住偷偷瞄一下，學生第一週寫的原本好的還是好，爛的還是爛，看不出來有什麼差別。第二週左右（第六到七次時），好的依然好，爛的慢慢寫得多一點，明顯看出來有點變化。

有趣的是第四週聽說要上臺唸自己的札記，學生有點緊張，眼見上臺的多是平時寫得好的，多數人才鬆一口氣，聽朗讀的本來沒什麼反應，老師提醒後才逐漸有讚美和提問，而且慢慢熱烈起來。突然老師說下週會抽人上臺朗讀別人作品時，全班譁然，看來十分緊張。到了下一週，上臺唸其他同學作品的狀況很有趣，有些人抱怨 XXX 的字太醜、OOO 的句子不通順、△△△的錯別字太多……被點名的學生有的傻笑、有的無奈、有的生氣……，老師不斷提醒大家別忘了多點讚美和提問，所以整體氣氛還是不錯的。江老師表示，兩週下來，許多學生以往寫作的小毛病（如字跡潦草、錯別字、缺漏字詞等），有了明顯的改善。

圖 2-1、2-2 是班上學生在第五週寫的內容：（淺色字是其他同學的評閱）

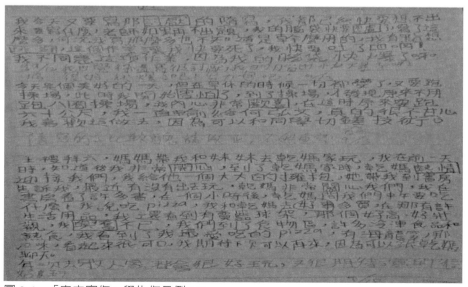

圖 2-1 「自由寫作」學生作品例 (A)

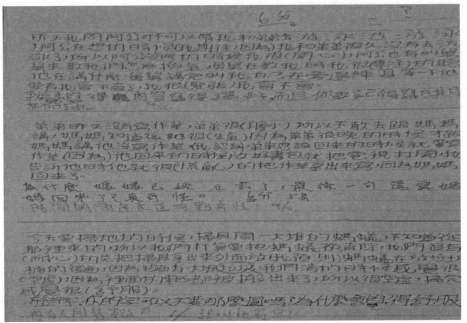

圖 2-2　「自由寫作」學生作品例 (B)

　　剛看到學生作品例 (A) 我笑了出來，這個「自由寫作」竟讓學生感到如此痛苦，由於老師不出題目使他想到快吐血，哈哈哈！這樣就對了。倒不是希望學生痛苦或吐血，只是沒經歷這個過程，學生就寫不出真實的自我，永遠把寫作當成一項功課，以及為了迎合老師喜好，掰些連自己看了都想笑的內容。可以確定的是，這位學生的痛苦好像沒想像中的嚴重，江老師保證他沒吐過血，接下來幾篇寫得還不錯。學生作品例 (B) 則是非常生活化，似乎任何事物都能在筆端重現，非常詳實生動，寫得很棒！值得一提的是紅字的部分，既有針對內容指出不周延處，也有聚焦寫作形式的（如字型美醜），當然不乏鼓勵與附和的，學生作品例 (B) 第三篇的兩個評閱中，還出現指責另一位沒用紅筆評閱該罰寫，哈哈哈！

㈡「創意寫作」也可以很「自由」

自從 1936 年美國愛荷華大學創立了「創意寫作工作坊」之後，「創意寫作」（creative writing）一詞就不再只是某種特殊的寫作類型，或是特定寫作狀態的形容詞，它已經是一門新型學科、一套教學系統，完成「創意寫作」的課程並繳交作品、完成審查程序，學員們便可被大學授予「藝術碩士」的學位（MFA）。據報導，1975 年美國僅有 3 所大學開設「創意寫作」的學程，如今已暴增到 733 所（聯合報，2017/4/7），與此同時，包括臺灣在內，世界各國競相仿效，中國大陸早有多所高校創設相關學程，也授予官方認可的學位。（謝彩，2013）

正因「創意寫作」的走紅，各種相關書籍大量被引介，我發覺其中有許多習寫活動蠻適合引發學生的「真情實感」。如下列回憶性的習寫：（Heffron 著、雷勇與謝彩譯，2015）

> 費點筆墨列出你人生中不同事項的十大事件。十大幸福時光，或者十大受啟發時刻，或者任何你想列舉的。然後看看你的列表模式—循環的主題和形象。盡量客觀看待它們，全當它們發生在別人身上。這個人是誰？你喜歡她什麼？這個人的動機是什麼？她不停在犯什麼錯？什麼惡魔在追隨她？這個人具有什麼品質，而你作為一個客觀的作家，會如何描寫這些品質？（p49）

該練習聚焦於學生過去經驗，原本很主觀的個人回憶錄，接下來的規則卻是用客觀的立場去敘寫事件，非常有趣。我認為，類似的練習是很必要的，如果只是單純的回憶錄，人們往往自說自話，既有意無意地忽略很多細節，又不自覺地放進太多情感和價值判斷，反而無視於事件敘述的完整性，所以這樣的練習自有其深意。

除了拿過去經驗引發學生的「真情實感」外，不妨把最近經歷作為

習寫對象。就像下面的寫作活動：（Ellis 編、刁克利譯，2012）

> 寫三篇文章或三段即興筆記，分別描寫三件能讓你立刻停
> 下來的事。為了達到這個練習的最佳效果，至少要兩到三
> 天才寫一篇。……這些即興筆記根據需要，可長可短。筆調
> 可以嚴肅、沉重、戲謔、困惑、喜悅、失望，不一而足。
> 這些都取決於你寫的這三件事的性質，以及你描寫時的心
> 情。
> 如果這一週你不能找到三件讓你立刻停下來的事，而只能
> 找到兩件的話，那就從你的記憶中，尋找一段過去的經
> 歷、一個事件或一次相遇來進行描寫。這件事最好是在你
> 腦海裡縈繞了很久的事。（p3-4）

除了自由地從過去經歷和最近體驗找題材外，「創意寫作」也會鎖
定某種感受上，此舉更有助於激發學生的「真情實感」。因此，老師可
繼續安排以下的練習：（Ellis 編、刁克利譯，2012）

> 1.寫一件曾令你十分尷尬的事情。盡量客觀，彷彿你在描寫
> 另外一個人。盡量蒐集具體細節，越多越好，甚至是起初
> 看起來毫不起眼的細節。2.寫完後，問問自己：「這件事
> 為什麼會如此令人傷心？我為什麼能記住它？」看看自己寫
> 的內容，是否能聯想到那一段時間對你的生活產生影響的
> 其他因素？與你現在的生活是否有聯繫？寫下這些聯繫。
> （p71）

不管是回顧往事，或是想想最近印象深刻的經驗，甚至針對單一特
殊事件，深入自我剖析，這些都是內在的、知識量不高的刺激源，絕對
是引發學生「真情實感」的好練習。畢竟，從自身寫起是喚醒寫作主體

意識的關鍵。

　　當然，老師不光是公布這些練習活動就算了，不妨在學生動筆前先聊一聊，讓學生回憶一下自己的經驗。但是，不需旁徵博引的活動看似簡單，對學生而言卻未必，因為他們習寫的次數不多，並不是沒有經驗，倘若有學生願意先行分享，加上老師適時的示範，效果將更為顯著。此外，學生寫後的分享也很重要，不妨參考上一個活動的做法，學生交換朗讀別人的作品，臺下聆聽的同學則給予讚美和提問。

二、「真思實想」的寫作教學活動設計

　　依照我的界定，「真思實想」練習是在問題情境的解決需求下，學生必須花腦筋想出可行的方案，再透過文字把方案書寫出來。您可能質疑，難道「真情實感」或「真聞實見」就不必思考、不需要動腦筋嗎？當然不是！只不過「真情實感」著重個人經驗的感性抒發，「真聞實見」乃基於客觀見聞的知性思辨，「真思實想」則為形成情境問題的理性解決方案。三者都需要深邃的思考，卻因刺激源不同，以及作品的內涵有別，必須分開處理。

　　既是解決「問題情境」的「理性方案」，這類求「真」活動必然有「情境」、「問題」、「理性」、「方案」等基本要素，否則難以劃歸為「真思實想」的寫作教學活動。為了具備上面的四要素，而且立基於學生生活經驗，我建議採用下面的寫作練習：（Heffron 著、雷勇與謝彩譯，2015）

　　　　列一個你家裡的物品清單——家具、牆上的畫、紀念品。把房間挨個兒走一遍，寫下你的發現，寫下這些物品反映出主人的什麼特徵。如果從列表中選擇一件物品作為你的象徵，你會選擇什麼？寫下你選擇這件物品的原因。另選一件再試一次。（p50）

　　這個練習中，「情境」就是家裡，「問題」則是「這些物品反映出主人的什麼特徵」，「方案」便是「從列表中選擇一件物品作為你的象徵，你會選擇什麼？」，「理性」無疑是「你選擇這件物品的原因」。另外有個觀察性寫作練習，也比較符合「真思實想」的寫作教學活動，詳見下述：（Ellis 編、刁克利譯，2012）

　　　　去一個能觀察到許多人的公共場所，簡短地描述 5~10 個你觀察到的人物。在每一段敘述中，運用一個形象的細節、人物特徵或是一個能生動詮釋人物內心活動的動作。例如：那位男士的頭髮硬硬的，是因為噴了髮膠，還是出汗太多？那位女士穿鞋的品味能告訴你什麼信息？注意那位孤獨的少女，她一邊看書，一邊用茶匙攪了攪茶，再把發熱的茶匙貼在自己的嘴唇上。（p23）

　　這個練習舉例說明觀察的細節為何，而且要求在「許多人的公共場所」（「情境」），「問題」是描述不同人物的「形象的細節、人物特徵或動作」，然後找出自己認為的「生動詮釋」（「理性」），從中得到相關的「訊息」（「方案」）。如果您覺得上述觀察練習過於簡略，難以看出「情境」、「問題」、「理性」、「方案」四個要素，下面的練習應能滿足您的需求：（Mackey 著、任燁譯，2018）

【寫作練習：場景和具體感官細節】（p148）

時間：10 分鐘
這個實踐練習能讓你適應身邊的感官世界，非常有趣。

步驟一：選擇一個地點
去一個你熟悉有人的地方─咖啡廳、公園長椅，隨便你選。

步驟二：具體感官細節自由寫作（5 分鐘）
列出所有你能想得到的感官信息，一直寫到時間用完為止。

步驟三：寫場景（5 分鐘）

寫一個真實場景，描述你看到的內容，使用備忘單中的場景要素（包括時間、地點、不斷推進的情節、主人公等角色、發展過程、對話、衝突、大中特寫的鏡頭、描述……），至少還要加上幾個你剛剛感受過的具體感官細節。

步驟四：回顧

請注意具體感官細節讓故事有了怎樣的改進。你的文章又有什麼變化？

　　除了可以從日常生活中設計「真思實想」的寫作活動，中小學常常舉辦的戶外教學，也是求「真」活動很好的刺激源。大陸已故的語文特級教師于永正就有類似的教學活動，其內容大致如下：（引自黃嘉雯，2017）

> 于永正老師在上〈認識蘋果〉一課時，把課堂搬到了「蘋果園」。第一，進入果園前，讓學生先寫「保證書」，保障進入果園不亂動蘋果、不隨意採摘、損壞果園的植物，並且由學生寫完後讓家長簽字；第二，進入果園時，認真聽取果園的種植師傅對蘋果的介紹，並且參觀不同蘋果，認真做好筆記，並寫一篇關於「蘋果」的介紹，同時通過口語來講給家長聽；第三，從果園回來後，還幫學生舉辦了「蘋果」展覽會，讓家長、社區人士到場參觀，學生做現場的講解，以及再到後來的報告。（p18）

　　去一趟「蘋果園」參觀，學生練習寫「保證書」、「介紹蘋果」，還得以那篇「介紹蘋果」為底本，用口語講給家長聽，隨後舉辦的「蘋果展覽會」，學生必須對家長、社區人士講解、報告（包括口頭和書面的）。

　　于老師充分利用參觀「蘋果園」和「蘋果展覽會」的機會，設計一連串語文學習活動，這種基於問題情境設計，要求學生提出面向讀者、聽眾的理性方案，絕對是「真思實想」寫作教學活動的典範。只不過這樣的戶外教學不能太多，否則將適得其反，太繁重的要求容易激起反抗心理，就得不償失了。

　　以上都是訴諸學生的生活經驗，或是安排特定情境及戶外教學的活動，這些基於真實情境的設計，完全符合「真思實想」寫作教學的訴求。然而，主題能不能是虛構的呢？我認為，只要具備「情境」、「問題」、「理性」、「方案」四個要素，一樣算是「真思實想」的寫作活動，就像下面的練習：（Ellis 編、刁克利譯，2012）

　　　　假裝你是一隻已經和羊群分開了的山羊。你在荒野中迷了
　　　　路。當你在萬分惶恐之中跌跌撞撞地奔跑時，不小心扎到
　　　　了皂莢的刺上。皂莢的刺上長著五英吋長的吸盤，很髒；
　　　　刺中帶毒，足以致命，無藥可治。你的命運很可能是流血
　　　　致死，在荒涼的曠野中，孤獨一身，流血而死。……此時此
　　　　刻，在你生命的最後關頭，你要說的話是什麼？（p6）

　　很有趣的寫作活動吧！其中完整地包括「情境」、「問題」、「理性」、「方案」四個基本要素，因為主題是虛構的，「理性」的部分特別重要，由之產生的「方案」一定要有說服力才行。

　　此外，我想介紹「真思實想」寫作活動中的「探究式教學」，此為將讀寫與「科學」（Science）、「科技」（Technology）、「工程」（Engineer）、「藝術」（Art）和「數學」（Mathematics）五個領域結合在一起的「STEAM」。前文已經對「STEAM」有所引介，我不多贅述，此處將介紹我委託臺中市大甲區文昌國小郭雅惠老師做的一個「探究式教學」嘗試，提供給大家參考。

　　郭老師是臺中市教育輔導團小學國語文領域的輔導員，本身卻是美勞的背景（嘉義大學美勞教育系畢業），除了國語文輔導員的角色外，她還擔任校內美勞科任老師。我向她介紹「探究式教學」的理念並形成共識，約定只要選擇某次上課時，在學生完成畫圖或勞作之後，讓他們寫出剛剛操作時的「所需材料」、「操作步驟」、「注意事項」即可。並向學生強調，這是要給未來想嘗試的同學參考，所以書面說明越清楚越好，不然會害同學操作錯誤，你們責任重大！

　　以下便是某次上課學生畫完「泡泡畫」後，隨後書寫的「所需材料」、「操作步驟」、「注意事項」實例，見圖 2-3、2-4、2-5：

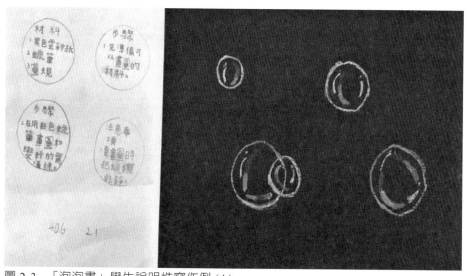

圖 2-3　「泡泡畫」學生說明性寫作例 (A)

　　很明顯的，學生說明性寫作例 (A) 和 (B) 以「所需材料」、「操作步驟」、「注意事項」為區塊，分別填入製作「泡泡畫」的相關敘述，條列式的文字一目了然、簡潔清晰。學生說明性寫作例 (C) 就有自己的寫法，不是條列式敘述，除了「所需材料」和「注意事項」用星號標示外，「操作步驟」中還有對泡泡的說明、畫畫的步驟，如同口述一般，十分有趣。

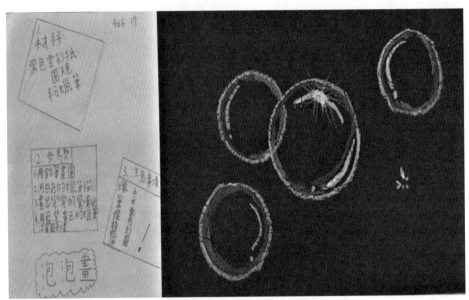

圖 2-4 「泡泡畫」學生說明性寫作例 (B)

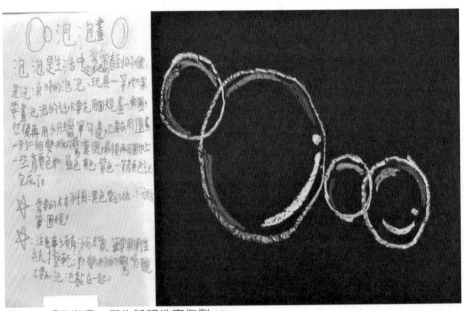

圖 2-5 「泡泡畫」學生說明性寫作例 (C)

　　此外，還有一種蠻盛行的情境式寫作模式，可以拿來做為「眞思實想」的活動。榮維東（2012）認爲中外學界對寫作的理解，主要集中三個方面：一是把寫作看成產品，二是把寫作看作是一種心理活動或過程，三是把寫作看作一種自我表達，及與社會交流的行爲、工具或手段（p219）。由之分別產生「文本中心」的傳統文章寫作、「過程寫作」（process writing）和「交際語境寫作」（Communicative-situdted writing）等三大寫作範式。我認爲「交際語境寫作」，特別適合做爲引發學生求「眞」時「眞思實想」的教學活動。以下是國外寫作教材營造「擬眞化」交際情境的例子，可供參考。（引自榮維東，2010）

　　英國《牛津英語教程》第一冊第四專題《荒島求生》中，編者配置24幅圖畫，向學生展開了一個他們完全不熟悉的荒島生活情境，其中有自然環境、物質裝備、生活事件、人際關係等複雜過程。編者以學生的野外生存演習爲背景，讓學生從兩個荒涼的島嶼選擇，並挑選自己的夥伴，準備勞動和生活工具，在島上生存一個月，獨立地解決各種問題。

　　第一組問題是選擇地點，需要學生完成的學習內容有：1.仔細研究所有插圖的訊息；2.爲每個島嶼列表，寫出它們有利和不利的條件；3.根據島嶼與你們自己條件來選擇居住的地方；4.用一段簡單文字說明你們小組選擇該島的理由；5.利用所提供的信息，畫圖表示島嶼的特點，並說明你們自己的情況。

　　第二組問題是選擇同伴，問題有：1.作爲島上生存小組的成員，他們每個人的優缺點各是什麼？2.決定另外兩名成員，並說明選擇他們的理由；3.按照上面提供的資料，介紹一下自己的優缺點。第三組問題是選擇攜帶物品。問題有：1.你選擇的六種必需品是什麼？說明選擇理由；2.你選擇的兩種奢侈品是什麼？說明理由；3.小組成員都該有個日記本，記錄自己的經驗和感受。現在是出發前一天，你知道了夥伴和裝備，也了解所選小島。第一篇日記寫下自己準備駐島的感想……。（p156）

　　如果我是學生，很容易被這樣子的情境式學習活動吸引，爲了要完

成「荒島求生」的任務，積極地在指示下透過團隊合作，一一完成寫作要求。求生任務結束後，該學的應用性寫作能力也到手了，所以這是非常典型的「真思實想」寫作教學活動。

三、「真聞實見」的寫作教學活動設計

在資訊流通迅速的今天，視聽媒材非常豐富，包括各式圖書、報章雜誌、CD 音檔、網路資訊，應有盡有，老師們想設計「真聞實見」的寫作教學活動並不困難。既然中小學國語文已有固定的教材，而且各校都有明確的授課進度，為何不直接把國語課文當作「真聞實見」的刺激源呢？換言之，老師就拿手上的國語課文來安排求「真」的活動即可，不需要額外尋覓新的刺激源。

基於「讀寫結合」（Reading-Writing Connection）的理念，老馬賣瓜，自賣自誇，我推薦自創的「湖心投石閱讀教學模式」。什麼是「湖心投石閱讀教學模式」呢？簡言之，「湖心投石」是一種意象，試想吾人如果將石頭投入湖心，石頭進入湖中會慢慢沈入湖底，同時湖面產生漣漪、向外擴散。如果整個湖代表閱讀的文本，石頭則指讀者對文義的思考，石頭慢慢沉入湖底，象徵的是讀者對文本內容的深入思考，而湖面產生逐漸向外擴散的漣漪，便是讀者對文本內容的延伸性思考。

「湖心投石閱讀教學模式」包含六個思考的範疇，分別是「判斷」、「評論」、「連結與聯想」、「比較與對照」、「推論」、「創造」。從師生持續的問答對話裡，逐漸培養學生閱讀思辨的習慣，以及表達自己洞見的能力。我想強調的是，透過「湖心投石閱讀教學模式」的六個思考範疇，學生可將對課文的「判斷」、「評論」、「連結與聯想」、「比較與對照」、「推論」、「創造」等思辨成果，透過寫作表達出來，即為「讀寫結合」的一種實踐方式，也是刺激學生「真聞實見」的最省力、最高效的求「真」活動。

圖 2-6、2-7 是 103 年翰林版小學國語三下第五課〈庾亮不賣馬〉的課文內容：

The text within the illustration (vertical columns, read right to left):

五 ㄨˇ
庾亮不賣馬

古時候有個叫庾亮的人，他心地善良，待人和氣，處處體諒別人，大家都很喜歡他。

庾亮有一匹心愛的馬，長相很特別，全身都是深色，只有額頭到嘴巴之間是白色的。有一天，他騎馬外出，碰到一個朋友，朋友很驚訝的對庾亮說：「你不知道嗎？這種

馬的長相很不吉利。傳說騎這種馬的人，都會發生不幸的事情，你還是趕快把牠賣掉吧！」

庾　善ㄕㄢˋ　良ㄌㄧㄤˊ　體ㄊㄧˇ　諒ㄌㄧㄤˋ　匹ㄆㄧ　額ㄜˊ　之ㄓ

騎ㄑㄧˊ　驚ㄐㄧㄥ　訝ㄧㄚˋ　吉ㄐㄧˊ　傳ㄔㄨㄢˊ　幸ㄒㄧㄥˋ

圖 2-6　103 年翰林版國語三下第五課 (A)

The text within the illustration (vertical columns, read right to left):

庾亮聽了，不但不害怕，還輕輕的拍了拍馬兒的頭，說：「既然這樣，我更不能把牠賣掉了。」

朋友瞪大眼睛，不明白庾亮為什麼這樣說。庾亮笑著回答：

「『己所不欲，勿施於人。』如果我把這匹馬賣掉，不就害了那個買馬的人嗎？我還是把牠留在身邊吧！」

這件事一傳十、十傳百，大家對庾亮為人著想的做法讚美不已，也更敬佩他了。

既ㄐㄧˋ　瞪ㄉㄥˋ

欲ㄩˋ　勿ㄨˋ　施ㄕ　讚ㄗㄢˋ

圖 2-7　103 年翰林版國語三下第五課 (B)

　　依照拙著「湖心投石閱讀教學模式」，可以結合閱讀和寫作的題目有：

㈠判斷性的提問

1. 課文一開始，作者對庾亮的介紹是：「他心地善良，待人和氣，處處體諒別人，大家都很喜歡他。」請你想一想，課文哪個部分可證明這段介紹呢？為什麼？
2. 庾亮聽朋友說他的馬不吉利，卻不願把馬賣掉，而且說：「既然這樣，我更不能把牠賣掉了。」接下來，「朋友瞪大眼睛，不明白庾亮為什麼這樣說。」請你想一想，為什麼朋友聽完會瞪大眼睛，不明白庾亮的話？請以課文內容為依據說明一下。

㈡評論性的提問

1. 課文中提到朋友對庾亮說他的愛馬長相不吉利，騎這種馬的人，都會發生不幸的事，所以勸庾亮把馬賣掉。請你想一想，如果你是庾亮，會怎麼看待朋友的建議呢？為什麼？
2. 讀完本課之後，假如你必須為本課想一個新的課名，這個新課名是什麼？你的想法是什麼？和原來課名有什麼不同呢？

㈢連結與聯想性的提問

1. 你的生活經驗中，或是聽到父母親友的故事裡，是否有曾被人勸告，卻仍執善固執，後來證明當初堅持是正確的例子？請說明整個事件的原委，以及當事者的想法。
2. 請你想一想，如果庾亮深信朋友的建議，卻又不願意賣給別人，造成不幸，除了留下來自己騎外，他還能怎麼處理愛馬呢？為什麼？

㈣推論性的提問

1. 課文插圖中，第二幅是馬斜視庾亮的朋友，第三幅是馬回頭看庾亮，請你說說看，兩幅圖中的馬正在想些什麼？為什麼？

2.庾亮說完不賣馬的理由後，你猜猜看朋友有什麼想法或反應呢？
　為什麼？如果你是庾亮的朋友，還會用什麼方法說服庾亮呢？為什
　麼？

　　上述每一個問題都來自於課文內容，學生需要深入思考才能回答提
問，老師如何透過對話學生引導思考，書中已有說明，此處不再贅述。
這和寫作教學有什麼關係呢？針對每個提問，學生的回答方式有兩種，
一是口述，一是寫作。口述和寫作都是訓練表達能力，卻必須建立在深
入對話和思考的基礎之上，一旦我們不再把寫作局限於文學性的書寫，
答問的短文寫作，便是非常典型的「真聞實見」寫作教學活動。

　　我認為，這種「真聞實見」活動不僅可應用於小學課堂，中學的國
文教學一樣有用，尤其現今國中會考和大學學測中，國文考題根本不來
自課本，「國寫」又幾乎是「讀寫結合」的題型，該怎麼訓練寫作呢？
難道非得上寫作補習班，或者買國寫練習本才行嗎？其實不必而且沒
用，何不就在國文課堂上，透過師生對話和思考，實施求「真」的「真
聞實見」教學即可，這是補習班和練習本都無法取代的。

　　據研究顯示，近十幾年來美國人對小學生寫作的期待有了戲劇性的
變化。傳統上，對低年級學生幾乎只教導習寫記敘文和個人經驗（如短
篇故事、觀點），學生被要求去寫他們所讀的。如今，《CCSS 課標》
逐漸聚焦於學生回應文本的分析技巧，作為大學入學和職場準備的核心
能力。小學高年級之初，學生被期待能以複雜的方式處理和操弄文本訊
息，以及使用證據去支持他們的訴求。他們要求學生既產生對文本的洞
見，又要施展出良好散文所需的技巧和策略，以及執行完整的寫作過
程。（Wang & Matsumura, 2019）

　　因此，2016 年美國 SAT（大學入學考試）中的寫作測驗改革，最
明顯的改變就是「讀寫結合」的題型大增，而我國大學學測的「國寫」
（國語文寫作能力測驗）中，不管是「知性的統整判斷」題或「情意的
感受抒發」題，同樣是「讀寫結合」的題型。由此可知，目前「讀寫結
合」題型的熱門程度有多高，從另一個角度看，或許正因目前寫作套路

氾濫，以往寫作測驗弊端甚多（後文將提到 SAT 改革的原因），這類題型才能真正測出學生的寫作實力，而此實與求「眞」的寫作教學目標暗合。因此，我不是想在寫作測驗的現況外另起爐灶，而是基於寫作生成和發展的原理，順應未來升學考試的挑戰，提出較為兩全的建議。

　　話說復旦大學早在 2000 年就引進創意寫作課，而且請來嚴歌苓的老師，哥倫比亞學院文學寫作系的系主任舒茲教授來給研究生上課。中文系的嚴峰教授旁聽後如下的感受：（引自萬維鋼，2021）

> 第一課，舒茲教學生怎樣「聽」。他讓學生描述一個剛才聽到的聲音，不斷追問下去：那個聲音是什麼顏色？什麼形狀？什麼質感？給人什麼樣的聯想？這是文學嗎？聽著聽著，我突然有點明白了。舒茲教的是文學最物質化、最技術性的層面，就像以前上吉他課時，老師讓我們每天作的手指體操，俗話說的「爬格子」。（p44）

　　我不在現場，但從嚴教授的描述來看，舒茲做的應是開發學生的感受聯想力（聽覺聯想），分明是引導學生「眞聞實見」的求「眞」寫作，怎麼會是「文學最物質化、最技術性的層面」呢？除非嚴教授對「物質化」、「技術性」有不同的定義，否則聽覺聯想是主觀想像，怎麼就「物質化」了？舒茲不斷提問，沒有給學生標準答案或操作程序，怎麼就「技術性」了？（姑且不論「最」不「最」的部分），我實在難以認同。不過，透過嚴教授的描述，我們可從中窺知「創意寫作課」大師如何引導學生「眞聞實見」的創作過程。

　　美國資深老師 Rebecca Olness 曾大方展示她對各年級學生做過的寫作提示（Olness 著、葉嘉青譯，2011），由於清楚道出適用年級，而且涵蓋了求「眞」的先「眞情實感」，再「眞思實想」，後「眞聞實見」三個面向的活動，所以特別值得參考。詳如下列（p51）：

1.回想一位朋友說的一個有關他或她的故事，將焦點放在一個事件上

（一到五年級）。

2. 我的生活故事：回想你感到快樂、生氣、驕傲或害怕的當時，描述那個事件反應，以及爲什麼它對你很重要（二到五年級）。

3. 我喜愛的地方（幼稚園到五年級）、老師（三到五年級），或食物（幼稚園到一年級）。

4. 永難忘懷的一次……描述你對事件的感覺，如何以及爲什麼值得你懷念（三到五年級）。

5. 我擁有的一件（不是在店裡買的）最有價值的東西。強調無法以金錢衡量東西的價值（三到五年級）。

6. 在下雨天可以做的事（對於幼稚園到一年級的學生限制一件事；對於二年級到五年級的學生限制二到三件事）。

7. 我在學校（或在＿＿年級）中所學到的事情。在學年結束前寫這個主題很有幫助（幼稚園到五年級）。

8. 一項我活著時不能沒有的發明，描述它並且解釋爲什麼它對你非常重要（幼稚園到五年級）。我吃過最糟的食物（或最糟的旅遊電影禮物），爲什麼你不喜歡它（幼稚園到五年級）。

9. 要是它（寵物、冰箱、遊戲場）能夠說話……以東西的觀點來寫（三到五年級）。

　　前文雖然提出了一些求「眞」寫作教學建議，卻不代表非得這麼做不可，事實上，只要符合「眞情實感」、「眞思實想」或「眞聞實見」等訴求的，老師們完全可以自行設計既尊重學生寫作主體、個別差異，又能引發學生眞實想法的教學活動。以下是「有效寫作作業」的原則，對求「眞」寫作活動也適用，可供大家自行設計教學時參考（周慧菁，2011）：

1. 內容與範圍：有效的作業不是只要求學生寫出他們所讀的或所經歷的，而是要讓學生參與一連串的認知活動，如反省、分析和綜合等，能夠轉化資訊。例如要求學生去讀個故事，然後比較兩個角色的動機。學生就會從故事中搜尋材料，據此進行分析。

2. 組織與發展：有效的作業會提供學生一個發展想法的架構，以及協助他們分析與綜合資訊的準則。缺乏指導的架構像是四年級的作業「描寫你的臥房，運用特別的細節」，但有效的作業應該是「描寫你的臥房給一位沒去過的同學聽。你的描述應該包含足夠的細節，所以讀到文章時，就能知道你的喜好、興趣，以及對你重要的是什麼。事實上，閱讀你的描述，同學應該能認出你就是這房間的主人。你的文章將貼出供同學賞讀。」

3. 讀者與溝通：有效的作業提供學生與真正讀者溝通的機會。一個典型的八年級作業會要求學生寫一篇文章給老師，解釋如何打開學校的置物櫃。問題老師早知道了。一個比較好的做法是讓學生去定義一個專業領域，然後以自身獨特經驗、知識、觀點解釋給讀者聽。

4. 參加與選擇：有效的作業不能給學生太多選擇，也不能沒有選擇。一個有效的四年級作業可以是「訪問一位年長家人，並把訪問結果寫成幾段文章。其中要包括他的童年、青少年和成年期，描寫他在這三段人生中典型的一天，以及這次訪談過程有趣的地方。」，透過寫作跨領域學習，寫作教學策略最重要的一環，就是不把寫作當作一門單獨科目來教，而把寫作做為學習所有學科的基礎。

第三章
再求「善」的寫作教學規劃

求「善」的理由與範圍

　　聊完寫作求「真」後，就是「善」的環節。我想特別強調的是，「真善美」寫作教學的訓練順序是很明確的，先「真」、再「善」、後「美」。然而，並不是一到「善」的階段，求「真」的努力就停止，同樣的，絕不是達到「美」的境界，求「善」的追求就不再。窮其一生，人們對「真」、「善」、「美」的認識和嚮往不斷改變，實踐行動便隨之調整，這是很正常的事。

　　既然如此，三者之間的銜接時機很難清楚劃分，換言之，寫作求「真」的主導地位何時才能轉換為求「善」的行動，而求「善」的全心投入何時才能改成求「美」的境界提升呢？說實話，我無法給一個明確的時間表。

　　原因很簡單，本書從一開始就不斷強調「寫作主體」的核心地位，以及寫作教學尊重學生「個別差異」的必要性，所以我不想和聲稱有放諸四海皆準訣竅的寫作書一樣，信誓旦旦地宣稱任何「絕對」或「應該」的承諾。

　　此外，誠如本書第一章所列舉的眾多「莫名其妙」下，學生何時能拋開套路、拒絕權威，轉變為自在地展現「真實」呢？同樣地，學生又何時能擺脫形式技巧至上，回歸寫作形式輔助內容的正途呢？希望長久被荼毒的學子們撥亂反正，恐怕比還是一張白紙的，花費時間更是難以預測吧！

　　本節中，我想指出寫作求「善」的兩大障礙，便是過分重視形式技

巧和視形式技巧為無物。前文曾提到，《十二年國教課綱》各階段寫作學習表現過分重視形式和技巧，故而老師們就相信教形式技巧等同於教寫作，寫作教材也是如此，我們不難從國語文課本和習作中窺知。

坊間的寫作班更是如此，快速地幫學生組織成一篇唯美的文章，可以拿來考場上贏得高分，便是補習教育的主要任務。最近新興的一種類似「心理獨白」的教學法問世，主張讓學生講出心裡的話，我認為頗與本書求「真」的訴求接近，但然後呢？講出心裡的話就算了嗎？難道形式和技巧完全不顧及了嗎？

很明顯的，如果老師過分重視寫作的形式技巧，以文采華美為目標的作品就會湧現；倘若老師重視「心靈獨白」，不重視寫作的形式技巧，會出現什麼樣的作品呢？試想，再營養的土壤，沒有園丁的栽培、剪裁，難以成為參天大樹。很不幸的，我口中求「善」的兩大障礙，正是眼下學生寫作的兩大極端，若想寫作求「善」能夠成功，對這兩大障礙不能坐視不理。

還好這兩種極端的寫作表現畢竟不算太多，大部分學生是介乎兩者之間的。簡單地說，多數學生是有自己的想法，卻不夠深刻周延；文筆雖然足以表達，卻無法對內容有加乘的效果。學生想法不夠深刻周延，我建議在求「真」上繼續努力，倘若想讓文筆對作品有加乘效果，學生便得在求「善」裡下功夫。

一、讓人眼睛一亮，卻又平淡無奇的文章

或許有人覺得我開玩笑，這標題太弔詭了吧！既然「眼睛一亮」，怎麼又「平淡無奇」呢？沒錯！若單指某一事物，「眼睛一亮」和「平淡無奇」兩個描述語並存，的確是矛盾的，若指一篇文章卻很有可能，因為「眼睛一亮」可能指文章的形式，「平淡無奇」則可能是文章的內容。

換言之，古人講「文質彬彬」是說外表裝飾和內在本質相稱，那麼，既然形式上「眼睛一亮」，又在內容上「平淡無奇」，就算是「文

勝於質」了吧！

　　據我觀察，「文勝於質」最常發生於寫作比賽中，這些被特別推舉、訓練的寫作選手們，似乎特別精於此道。以全國語文競賽為例，108 年度寫作項目國中學生組第一名作品的開頭是這樣的：（教育部，2020）

> 　　雜沓於喧囂的世間，尋一把名為善意的傘，遮蔽爭名奪利般的巧取豪奪，軟化言語裡札碎心扉的痛苦不堪。倘若生命是那四季更迭，善意便是那絢麗暮春，恣意地將柔和暖風拂過人心；若成長是首動人樂曲，善意便是那琴音流轉，任音符平息爭端與冷漠；若歲月是漫漫長河，善意便是那航行於上的一葉扁舟，乘載著數不盡的溫柔懷抱。善意，是生活裡的點點碎鑽，使我學會感恩與付出，流瀉時光裡的滿身光華。（p468）

　　好美的開頭！這位選手在短短的一段中，以「四季」比喻「生命」作為場域，建立了「暮春暖風」的意象，又以「樂曲」比喻「成長」作為場域，建立了「琴音流轉」的意象，再以「長河」比喻「歲月」作為場域，建立了「扁舟乘載」的意象，前後又有「傘」和「碎鑽」兩個意象加持，選手所認為的「善意」就存在於一系列的意象群之中。

　　不得不承認這段文字真的很美，比賽前選手應該下了不少工夫，因為選手是國中生，相信指導老師出了不少力。從比賽求勝來考量，這種寫法很好用，可以套進任何「人生觀」類的題目，108 年度的「善意」顯然可以，106 年的「分享」呢？105 年的「超越」呢？好像都能通用！為什麼呢？只要把作品裡的「善意」替換成「分享」或「超越」，幾乎沒有什麼矛盾。

　　似乎，其他較大範圍或待答的「人生觀」題目也能套用，只要聚焦一個點上便可使用該框架。比如 107 年度國中組題目是「人生是一場尋

找」，想好人生要尋找的是什麼，如「夢想」、「價值」、「意義」等範疇（或「小確幸」？），再用這些範疇替換「善意」，同樣可以完美地融入框架之中。

　　讚嘆完第一名的作品後，我接著看第二、三、四名的作品，愣了很久，想不到這幾位選手竟然如此相似！第二名的開頭如下：（教育部，2020）

> 人生，恰如四季流轉，有春之嫵媚，如沐春風樂無窮；有夏之猗旎，豔陽似火志高昂；有秋之蕭瑟，秋意襲捲百花殘；有冬之肅殺，北風呼嘯寒刺骨……生命旅途非皆坦途，唯有以友情作泥土，用正義澆灌，以分享之樂施肥，抱著一顆無私奉獻的心種下善意的種子，孜孜矻矻、尋尋覓覓，終有歡喜收穫助人為樂的一天！（p470）

　　這種寫法更省力，只要「人生觀」類的題目多能套用前半段的四季比喻，「友情」、「正義」、「分享」均可保留下來，只要把「種子」換成新的題名，馬上搞定！一樣華美絢爛，一樣抒情感人。第三名的作品如下列：（教育部，2020）

> 善意，如空谷中的幽蘭綻放芬芳；善意，如深夜中的篝火照耀瑰寶；善意，如寒冬中的暖陽散發溫煦。身處紅塵滾滾中的我，在生命成長之河晝夜川流下，是友誼、親情、關愛伴我走過人生莘确之途，亦在我屢遭挫折時，對我使出善意。（p472）

　　同樣地，假如把第三名的「善意」替換成新的人生觀主題，所有意象便完全通用。我們再來看第四名的作品：（教育部，2020）

撐篙於波濤洶湧的人生之河，善意是我們尋得的一方風平浪靜，一刻閒適安穩；踽行於巍峨嶮巇的生命古徑，善意則是我們覓得的一片平緩山坡，一條由萬紫千紅之落英編織而成的開闊大道；翱翔於青春這片罡風四旋的藍天，善意便是終將歸屬於我們的璀璨星辰，使往後之途熠熠動人！古人說：「不以善小而不為，不以惡小而為之。」，唯有摘下善意這顆甜美碩果，方能造就天下芳馥滿溢。（p474）

　　我相信您已經看出來，108 年全國語文競賽國中組作文前四名的得獎作品都用了相似的開頭，一連串的意象，包括四季、自然、河流、樂曲、路徑、藍天、篝火、星鑽……等，寫作主題在連續意象中被烘托出來，不只意象唯美，如波浪迭進般的排比修辭，更是讓人讚嘆不已！

　　或許有老師問：「這樣不好嗎？有什麼不對嗎？」，更激進一點的還說：「只要能得名，為什麼不做？」，的確！我翻找一下前幾年的得獎作品，果然大多如此，看來至少在全國語文競賽時，類似寫法似乎是獲獎的保障。

　　但，我來告訴您為什麼不對，正因為這是「寫作」，不是語文練習或遊戲。我們要看的不只是選手「舞文弄墨」的能力，更該關注的是他們「發自肺腑」的想法，這才是指導老師的存在意義。

　　上述四篇例文中，一連串意象中「善意」被模糊化。在似有若無的意象展現中，讀者想知道的：「善意」到底是什麼？為什麼「善意」是重要的？怎麼表達「善意」？對誰表達「善意」？「善意」帶來什麼影響？……等內容，反而無從尋覓了。他們在形式上真的無懈可擊嗎？很遺憾地，如行文的邏輯性、用字遣詞的適切性，甚至是意象鋪陳與建構，很難禁得起細細推敲。

　　或許您會說接下來的段落就具體化了嘛！再次遺憾，若各位耐心繼續看下去，大部分選手仍以這些意象開展各段落，似乎想收綱舉目張的效果，但各段不是再舉一大堆實例強化意象，便是持續更換新一波意象

群，全篇堅持浪漫唯美下去，真能將想法具體化的選手，少之又少。

　　可能有人認為國中生能寫美文就夠了，不必苛求。是這樣的嗎？我想苛求的其實是老師。就像吃西餐一樣，很多人讚嘆某家餐廳的前菜、佐湯和甜品有多麼多麼好，卻從不評論主菜的優劣，很奇怪！難道主菜不是重點嗎？這種為了得名罔顧寫作教學目標的做法，實在「本末倒置」，老師若用這種心態教寫作，將徒然殘害學生的寫作熱情和價值觀啊！

二、明明心中有想法，卻常寫得詞不達意

　　求「善」第一個障礙是「本末倒置」，往往把作為「輔助」的形式和技巧，凌駕於寫作內容之上，所以花團錦簇的文筆、多層堆疊的意象反而阻礙寫作者傳達明確的觀念。接著講第二個障礙—「棄而不用」，完全忽略寫作形式對內容的存在價值，三言兩語或平鋪直敘地講完想法了事，似乎不了解形式對內容還有第二個功能—「充實」。

　　且容我先整理一下，寫作求「善」的第一個障礙是「本末倒置」，比賽選手常忘了形式和技巧對內容的「輔助」功能；寫作求「善」的第二個障礙是「棄而不用」，消極的寫作者往往低估形式和技巧對內容的「充實」功能。

　　重要觀念值得再強調一次：寫作求「善」的訓練和教學，便是企圖發揮形式和技巧的「輔助」和「充實」兩種功能。

　　為了更好的說明求「善」的「充實」功能，我想以「國中會考寫作測驗」的樣卷舉例。由於寫作競賽和大學學測的「國寫」，刊載的是優勝作品或範例樣卷，不如「國中會考寫作測驗」網站中六個級別的樣卷齊備，所以特別適合拿來說明求「善」的「充實」功能。109 年國中會考寫作測驗題目如圖 3-1：

請先閱讀以下資訊，並按題意要求完成一篇文章：

我想開一家餐廳，讓記性不好的阿公阿嬤來這裡上班，他們可能會經常上錯菜，但客人們的一句「沒關係」，將讓這間店充滿溫暖。

我的夢想是開一家書店，木質的書櫃、三張亮黃色的沙發，每個星期只賣同一本書，希望客人可以慢慢讀出這本書的趣味。

我想接手爸爸的行動雜貨店，開著一輛小貨車，在各個村落來來去去，滿足居民日常生活所需，繼續為我們的家鄉服務。

如果能開一家網路花店就太好了！隨時隨地有玫瑰、百合、鬱金香……可供點選，將最新鮮的花朵，在指定時間內送給心愛的人！

　　開一家店，可能是為了實踐某個夢想，也可能是為了滿足生活中的各種期盼。你想開設一家怎樣的店？為什麼要開這家店？它又會是什麼樣貌？**請以「我想開設一家這樣的店」為題，具體寫下你的想法。**

※不可在文中洩漏私人身分
※不可使用詩歌體

圖 3-1　109 學年度國中會考寫作測驗題目

如此貼心的測驗題目引導下，「國中教育會考寫作測驗」網站上公布的二級分樣卷如下[1]：

> 我想開設一家幫忙解決受疫情影響的店，在現在疫情的受害下，我們的社會問題也越來越多，例如：被解雇、放無薪假、轉行的……等，我希望成立可以幫助這些受害者的店；幫助他們被解雇的人找工作，放無薪假的有工作，轉行的幫忙訓練……等，希望成立這家的店，有幫忙到解決他的困難，希望被幫助的人，也可以成立一家店，來幫助這個社會有需要的人身上。

樣卷最後，閱卷老師的說明是：

1. 雖嘗試依據題旨選取開設「幫忙解決受疫情影響的店」為材料，但僅略述想開設的理由與經營項目，所選取的材料不足，發展有限。
2. 文章結構不完整。
3. 敘述口語化，且遣詞造句出現錯誤。
4. 有錯別字及標點符號運用上的錯誤。

從樣卷後的「說明」可知，該考生僅得二級分的原因在於「所選取的材料不足，發展有限」、「文章結構不完整」、「敘述口語化，遣詞造句出現錯誤」、「有錯別字及標點符號運用上的錯誤」等問題。

在我看來，這些問題都屬於寫作求「善」的範疇，該生的確有自己的想法，卻不知如何運用形式和技巧呈現想法，換言之，便是無法發揮形式和技巧對內容的「輔助」和「充實」功能。還好他沒完全讓「文勝於質」，「輔助」的功能尚存，欠缺的是「充實」功能，內容明顯貧乏。

我發現不少考生有這樣的問題。由於會考寫作測驗的引導很貼心，所以考生大多有自己的想法，寫出的文章卻不盡人意，甚至有粗製濫造

---

[1]　請參閱 109-2-1 https://cap.rcpet.edu.tw/writing/109_2_1.pdf。

的感覺。我們再來看另一篇三級分的樣卷[2]：

> 騎單車是我的興趣，在騎車的過程中往往會出現一些問
> 題，像是爆胎等等的，所以我也學會了很多修理單車方法。
> 當我不會修理車子時，我就會到車店請老闆幫忙，若我可
> 以開一間自行車店，賣單車、零件，或是幫別人修理單
> 車，在修車的過程讓人品嘗美食、喝一杯爽口的飲品正是
> 我想要開的店。一個店要有客人就需要讓客人不覺得末生
> （？），所以我覺得無論是我的員工或是我自己都要和客人
> 有更多互動，也可以一起聊聊騎車過程的快樂！
> 這一間結合了單車和餐廳的店就是我想開的店，無論是來
> 採買、吃美食或剛運動完來這裡休息的人都可以享受到最
> 好的環境。

　　該卷最後的「樣卷說明」是：

1. 嘗試依據題旨選取「開設自行車店與餐廳的複合式商店」為材料，
   但僅簡述開設動機、經營樣貌與功能，發展不夠充分。
2. 文章結構鬆散。
3. 敘述口語、冗贅。
4. 有錯別字及標點符號運用上的錯誤。

　　與前面的二級分樣卷相比，三級分的顯然文字較多，還有分段，選
材較為豐富，除了還是「敘述口語化」、「有錯別字及標點符號運用上
的錯誤」外，其他如「發展不夠充分」、「文章結構鬆散」、「冗贅」
等，都是寫作求「善」可努力的範疇。具體而言，若能發揮形式和技巧
的「充實」功能後，便可輕鬆解決這些內容的問題（如「發展不夠充
分」、「文章結構鬆散」等）。

2　請參閱 109-3-1 https://cap.rcpet.edu.tw/writing/109_3_1.pdf。

　　大陸的《三聯生活周刊》曾採訪過美國翻譯家艾瑞克‧亞伯拉罕森，他曾翻譯過作家王小波的作品，對中國作家相當熟悉。採訪中有一段對話是這樣的：（引自萬維鋼，2021）

　　三聯生活周刊：您覺得中國當代作家們的寫作水準和英美一流作家相比，有多大的差距？

　　亞伯拉罕森：我個人覺得在技巧上還存在一些差距，大部分中國作家幾乎從來沒有經過專業的寫作訓練。而在美國，專門的寫作課程非常多，內容也很成熟。我知道很多作家對這種寫作班很不屑，覺得這種課程會帶來一身工匠氣，但這種寫作班至少能夠告訴你如果你的小說寫到四分之三時崩潰，你該怎麼辦？一個真正的藝術家，是不會被教壞的。（p43）

　　實在令人驚訝！想不到中國作家是這樣的，不知臺灣的是不是也這樣？看來中國作家不是認為從小到大學的就夠了，就是根本不認為寫作技巧是重要的，難怪在亞伯拉罕森眼裡他們和英美一流作家有差距。我認為亞伯拉罕森說得好，「至少能夠告訴你如果你的小說寫到四分之三時崩潰，你該怎麼辦？」，就是強調技巧對內容的「輔助」和「充實」功能。至於為什麼「一個真正的藝術家，是不會被教壞的。」？很簡單，作家充分求「真」之後，便可完全駕馭形式和技巧對內容的「輔助」和「充實」功能，求「善」時不會本末倒置，如此良性循環下，當然不會被教壞。

三、寫作時想求「善」，有那麼困難嗎？

　　正如您所想，我的答案當然是否定的，卻必須要有兩個前提：一是知道為什麼寫作非得求「善」的原因，二是了解怎麼做才算是寫作求「善」。透過前兩節的討論，我們知道形式與技巧對內容有「輔助」和

「充實」兩個功能，這固然可作為求「善」的原因，卻不過是個觀念罷了，似乎還沒有非做不可的迫切性，所以我們得在教學實務上找答案。

2018 年，來自《爆廢公社》的一幅網路流行的圖片（如圖 3-2），作文班要您看完兩篇國小四年級適用題目名為「草原」的範文後，思考一下您孩子現在的程度是①或②呢？

圖 3-2　網傳國小四年級「草原」的範文

為了讓大家看得更清楚些，我把①和②的內容抄錄如下：

①我爸爸帶我去看綠色的草原，看到很多隻牛，也看到很多隻羊，一直在跑。後來我們去吃烤羊肉，很好吃。
②三五成群的牛羊，在廣闊的草原上，天蒼蒼，野茫茫，放眼望去，盡是我嚮往的草原！香噴噴的烤羊肉，牧羊人騎在馬背上的英姿，五顏六色的天與地，人世間的美好，點點滴滴在我心裡揮之不去，那是最美的藝術！

這篇應該是事實的圖文刊出後（有照片為證嘛！而且看似很隨意地

貼在摺疊桌上，兩側環境市井味十足！），網路上立刻有不少迴響。譬如古嘉綺認為②的孩子太老成，①的孩子缺乏思考，表達不清晰，想像力不夠，還有救。古老師強調寫作最重要的是學習「創造思考」和「組織能力」[3]。還有一位張忘形老師則說如果自己是爸媽，會選①，因為②是大學生都寫不出來的，應該叫孩子寫發生在身邊的事[4]。

　　署名「楊邦尼」的臉書中，有一篇標題為「作文原來是寫假的！」的文章很有趣[5]。作者說一早看到「草原」的轉貼文，就噗哧笑了出來，臺灣國小作文原來也是寫假的。馬來西亞華小 UPSR 的作文一點都不輸臺灣，作文就是寫「假」文。第二則文章當然是最高級別的，自己教過小學生作文，得高分的技法如下，以貼文為例：

1. 使用成語：三五成群、五顏六色
2. 四字成句：揮之不去、放眼望去
3. 善用疊字：香噴噴、點點滴滴
4. 引用詩詞：天蒼蒼、野茫茫
5. 運用對比：天與地、牛羊馬
6. 行文轉折：從「嚮往的草原」轉到「香噴噴的烤羊肉」
7. 結語正面：人世間的美好、那是最美的藝術

　　上面引用的三篇討伐文，似乎都認為②不該是小四學生能寫的，理由是寫作該重視別的東西（「創造思考」和「組織能力」、寫發生身邊的事等），否則就是「假文」，不值得推廣。

　　然而，即使有識之士撻伐「假文」（我也是！），寫作班卻以此招徠學生，依照供需原理，便可說明這對家長們的吸引力多麼強大了。或許，此舉將引發我們另一層思考，②的內容就這麼不堪嗎？就算形式技

3　古嘉琦：〈「草原作文」問題在哪？學作文的重點，不在追求六級分〉http://opinion.cw.com.tw/blog/profile/441/article/7158。

4　張忘形：〈你會寫「草原」？學作文不是為了把每個孩子都變成瓊瑤〉thenewslens.com/article/100919。

5　楊邦尼臉書：facebook.com/benny.leong.77/posts/1676391812469416。

巧的優劣見仁見智，如果小四學生有自己的想法，再運用形式技巧輔助和充實想法，有什麼不對嗎？身為寫作教師的我們，千萬不可因噎廢食啊！

　　作家張大春曾提到自己的一段經歷。他服兵役時，在軍事院校擔任過文史教官，講臺下是士官班的學員。可能由於高中聯考的失敗經驗，讓阿兵哥們十分痛恨寫作，所以一位在課堂上公然睡覺、罷寫的學員直接說出：「教官出的題目我沒話可說。」

　　張大春為了解決這個困境，就要求每位學員選一篇故事來讀，然後用自己的話，口頭複述故事一遍，而且不能使用「後來」、「然後」、「結果」等連接語詞（用一次扣十分）。當然，沒有人能在第一次拿到滿分，大部分連 60 分都拿不到。但是，他們慢慢開始構思、組句和謀篇，甚至拿起筆來打草稿，很快地就能文從字順的說明一個事件了。（蘋果日報，2009/6/30）

　　從寫作教學的角度來看，張大春的成功經驗對我們頗有啟發。阿兵哥抱怨無話可說，就讓你用自己的話複述故事，這還不夠，有故事可說卻不能亂說，便設下不可使用「後來」、「然後」、「結果」等連接詞的限制，讓你說故事時得思考怎麼呈現內容（不要有贅詞）。我猜想，阿兵哥讀的故事一多，便喚起曾有的記憶，能說的話就更多了，再被張教官的扣分規定折磨幾次後，就養成組句和謀篇的習慣了。

　　我當過兵，深知「大混小混一帆風順」的心態，數饅頭等退伍的當下還能好好寫文章實屬不易。難道在校的學生，還不如軍營裡的阿兵哥嗎？！誰知道在張大春這樣的老師手下，能不能把差強人意的①變成更優質的②？而且是更上一層樓，既符合能道出心中想法的「真」，且達成發揮形式和技巧對內容「輔助」和「充實」兩功能的「善」。

　　或許有些老師質疑，寫作求「善」是指文學性的文本吧？當然不是。現今大學學測的「國寫」是參考美國 SAT 的寫作測驗，從 2016 年起，美國大學 SAT 的寫作測驗獨立於各學科之外，咱們的「國寫」也是。值得注意的是，SAT 早在 2005 年就已納入寫作測驗，十年間卻被

批評過度注意考生的用字及文章長度，不管考生的主張是否有所依據、論述是否合理。

2012 年美國《共同核心州課標》推手 David Coleman，出任 SAT 主辦單位大學董事會董事長暨首席執行長時稱：「各界意見指出，在 SAT 寫作測驗中得到高分的考生，在大學裡的寫作表現卻不一定好，這是 SAT 寫作測驗的失敗。」，Coleman 推動改革，自 2016 年起將 SAT 寫作測驗獨立，讓學生讀一段短文，再寫一篇文章分析作者意圖，並舉出嚴謹證據來證明自己的觀點。（曾多聞，2018）

換言之，2016 年起 SAT 寫作測驗改革的動機，是由於過去十年間飽受「過度注意考生的用字及文章長度」的批評，卻不管「學生的主張是否有所依據」，這顯然與我國《十二年國教課綱》過度重視寫作形式與技巧，卻不在意學生真實想法的偏頗現象相同。

然而，這是否意味著形式和技巧就該放棄？當我們注意到「分析作者意圖，並舉出嚴謹證據來證明自己的觀點」的要求，就知道 SAT 寫作測驗從未放棄形式和技巧，而是關心其對內容的「輔助」和「充實」功能是否有效發揮，故而這些仍是 SAT 寫作測驗的評分重點。

四、寫作時想求「善」，應該注意什麼呢？

前文曾提及，寫作求「善」必須解決兩種障礙：過分重視形式技巧和視形式技巧為無物。為了實現避免極端的「中庸之道」，寫作教學既不能把教知識和技巧等同於教寫作，也不能放牛吃草，草草地出個作業，便放任學生隨意塗鴉，有寫就好。原因無他，這兩種做法皆無法發揮寫作形式和技巧對內容的「輔助」和「充實」功能。

此外，老師若想讓形式技巧發揮「輔助」和「充實」的功能，千萬不能架空地練習，必須在作品上實踐（自己的或別人的都行），否則再多的形式技巧也沒有真實感。換言之，「善」的練習必須有的放矢，而且得和「真」的內容相聯繫，確實地對「真」的內容發揮「輔助」和「充實」功能，學生才會對「善」有操作感、需求感。

　　中小學國語文課本、習作中有不少句型或修辭的課後練習，老師們大多認爲那是寫作教學的一部分，堅信學生如果熟練這些技巧，寫作能力必然有相應的提升。我從不否認類似練習的確在一定程度上有助於寫作，卻不敢過高的期待它對寫作能力的影響。

　　課後練習的語境總是虛擬的、斷裂地，對學生寫作沒有太大的意義，畢竟完成練習需要的不是全面掌握語境，只要不違反語法規則和修辭定義即可，所以一旦習作答案有爭議，往往是語境的問題。相對的，寫作的形式技巧不僅要遵循規範，更得重視情境脈絡下的傳播效果，故而我認爲課後練習對提升寫作能力十分有限。

　　一提到寫作的形式技巧，總讓人不禁皺眉，自古流傳下來的智慧何止千萬，再加上西方的寫作技法建議，豈是汗牛充棟可形容的啊！簡單地盤算一下，就我保守估計光「文章結構」少說有十二種以上，文章開頭的手法起碼二十幾種，文章結尾也不下二十幾種，大家熟知的「起承轉合」不過是其中之一而已。

　　更別說大家熟知的「修辭格」早已超過百種，各修辭技巧搭配後更是變化多端。各文體技法則是不遑多讓，前文提到的大陸姜兆臣「作文訓練序列表」中，包括「觀察事物」、「看圖作文」、「寫作技巧」、「句段訓練」、「狀物」、「敘事」、「寫人」、「描寫景物」、「應用文」、「說明文」、「其他訓練形式」等項目。僅其中的「寫人」一項，其下再分爲「外貌描寫」、「動作描寫」、「語言描寫」、「心理描寫」、「綜合描寫」等細項。

　　「寫人」落實在各年級的做法：一年級的做法是「動作描寫要清楚」；二年級是「動作描寫要有條理」；三年級是「動作描寫要具體」；四年級是「動作描寫要有重點」；五年級是「細節描寫」；六年級是「用景物襯托人物心情」。請注意，「寫人」只是姜兆臣「作文訓練序列表」十一個項目之一，已是如此繁複，更何況把其他十個項目都做完。

　　還有黑龍江省常青老師的「分格作文教學模式」中有325個「格」

（單項訓練），每個「格」的教學步驟則包括講解、議讀、練習、講評、布置作業。曾風靡一時的廣東省丁有寬老師「讀寫結合五步系列訓練」，光小學語文記敘文讀寫的知識就有「五十基本功」，他還因應不同年段設計 800 個訓練題目。丁老師針對每個訓練題目提出訓練的目的、要求、內容、時間和方法，以確保訓練的全面性、目的性和連貫性（錢秀進，2013）。如此周密的序列教學設計，實在令人嘆為觀止，我不禁擔心老師做得到？重點是，學生的寫作能力會因而提升嗎？

　　想要發揮「善」對「真」的輔助和充實功能，學生自然得學習寫作的形式技巧。但面對這麼多該教的，我們又不想光講講形式和技巧為何物了事，而是希望學生能應用在自己的作品上，課堂上該怎麼操作呢？我建議與其呈現一大堆形式技巧，還不如一步步讓學生應用出來。請注意！「一步步」是指積少成多，不求速成；「應用出來」則是指寫作技巧得用在作品上，最好是自己的，偶而可以拿別人的來試，但不建議找文章範例來練習，因為效果不大。

　　「一鳥在手，勝過百鳥在林」正是我想說的，學生要的是切實可用的幾個好技巧，而不是記憶很多知識點、形式組。此外，我建議練習形式和技巧前，先考慮從整體到部分，先練習章法布局、段落結構的技巧後，再要求選材、文法和修辭的細節，最後回到整篇文章的修改、剪裁。

　　過程中，老師不能像求「真」的教學一樣，寫作求「善」需要老師的教導，從老師親身示範到學生獨立寫作，一點不能馬虎，畢竟寫作規範有其客觀的規律，可不能荒腔走板。您可能質疑：「那不就回到老路子了？」，不會的，因為學生拿自己的作品練習（儘量如此！），動機是想要讓作品變得更好，不為炫技，或應付老師作業。因此，這樣的學習是有目標、有效率的，豈是傳統形式和技巧的訓練可比！

　　只不過，老師們得花更多心力設計學習活動，不僅扭轉學生對形式和技巧的觀念，還得讓他們勇於嘗試，評閱學生作品時則應給予具體有效的建議。我還想強調的是，長久的語文學習中，學生早已熟知許多寫

作形式和技巧，只不過多從閱讀的角度窺知，或透過老師講解、準備考試獲得，根本沒有提筆施展的機會，所以總是「身外之物」，卻並非是從零開始的，老師要做的就是喚醒相關記憶，然後按部就班地實際操作出來。

然而，這並不代表能知便能行，知道形式技巧和用不用得出來是兩回事。此時，老師存在的價值能夠體現，先「教導」再「引導」形式技巧，學生在過程中慢慢地實踐寫作求「善」的「輔助」和「充實」功能。

該怎麼教才算求「善」？

同樣教寫作的形式和技巧，求「善」的教學有何不同呢？當然不同！求「善」不是教寫作的套路，更不是耍花槍，只想炫耀華麗的技巧而已，必須秉持一貫地尊重寫作主體、因應個別差異的原則，讓學生寫出「真」的內容後，徹底發揮形式和技巧的輔助和充實功能。我們不是毫無理由的求「善」，而是在「真」的前提下，勉力發揮「善」的兩個功能。

有了這個信念後，求「善」教學的功能性極強，我們得常常檢視所教的形式和技巧能否輔助和充實文章內容，否則寫作求「善」終成空談。此外，老師的角色將從以往的「引導」轉為「教導」，透過親自示範如何操作的過程，明確展現如何將形式技巧變成輔助和充實的工具，再逐漸放手回到「引導」的角色，直到學生能獨立上手為止。過程中，我認為「寫作工作坊」和「迷你課程」兩種教學方法最能派上用場，老師們如能善用之，必然可收穫驚喜。

由於學生的「個別差異」顯而易見，每位學生都有自己的寫作問題，有時當局者迷、有時不免敝帚自珍，所以求「善」的成效一定得在老師評閱時見真章，「因材施教」便是唯一的解方了。此外，求「善」的教學最終得在學生檢核自己作品的表現落實下來，故而空有滿腹的形式技巧是笑話，能在寫作時施展出來，而且修改前能自覺不足，才算有

本事。

一、主動創造效果，不是消極的賣弄技巧

　　據報導，106 年大學學測中阮俊儒的作文 25 分，全臺最高。他歸納高分的主因：第一是經驗特別，一般高中生少有這種經驗；第二寫得有轉折、有邏輯；第三是我的字跡端正。

　　106 學測寫作題目是「關於經驗的 N 種思考」，阮俊儒在文章中提到以前為了寫小論文去採訪外籍移工的往事。當時他只準備馬來西亞與泰國的資料，沒想到採訪對象都是越南人。他從失敗經驗中記取教訓，終於在下次的小論文寫作中獲獎。「我主要在強調，失敗的經驗也會帶來成功。」

　　阮俊儒提到，假如寫作題目沒有特別指定文體，他很推薦用夾敘夾議的方式寫作。「有故事又有論點來強化文章，很百搭。通常我會先破題或鋪陳，中間寫經驗，大多先談別人的，再談我自己的，然後有些啟發、反思，最後做個結論，呼應主題。」（未來 Family，2019/1/1）

　　阮俊儒的經驗分享裡，再次證明寫作先求「真」，再求「善」的處理順序，「經驗特別」使他的「真」獲得青睞，「寫得有轉折、有邏輯」和「字跡端正」則是他求「善」的努力，尤其最後有關「夾敘夾議」的建議、文章前後段落的鋪陳做法，更是清楚道盡他求「善」時的執行細節。

　　其中，當我看到阮俊儒的「很推薦」、「有故事又有論點來強化文章，很百搭」等建議後，心想必然是他嘗試各種寫法的總結。更重要的是，他採用形式技巧的目標不為賣弄，而是在乎什麼形式技巧才能有最好的表達效果。

　　這樣的出發點很重要，寫作求「善」本是對外的，無論「輔助」或「充實」的功能，都是為了讓讀者有所感受，所以重點不是炫耀用哪些形式技巧，而是使讀者有何閱讀感受（功能性）。因此，與「序列性作文教學法」迥然不同，訓練的目的在於激發讀者感受，並不是遵循一系

列的技巧步驟，按部就班地完成指定的寫作程序了事。

　　山口拓朗在其《素人也能寫出好文章》中所建議的（山口拓朗著，劉格安譯，2018），便是以讀者感受爲訴求的訓練規劃。該書以「練出一手淺顯易懂的文章」、「練出一手有說服力的文章」、「練出一手有深度的文章」、「練出一手引人入勝的文章」爲綱，再於各項目下提供寫作練習的建議。

　　舉例來說，「練出一手淺顯易懂的文章」項目下，就有「結論越明確，文章越淺顯易懂―決定標準訓練法」、「文章越冗長，越沒人想讀―文章減半訓練法」、「盡可能寫得具體一點―『具體→抽象』的代換訓練法」、「注意與讀者間的共同認知―拆解訓練法」、「明確表達事情或訊息―比較與範圍訓練法」等建議（pp80-125）。

　　再以「練出一手有深度的文章」項目爲例，其下便有「增加視角能讓文章更有深度―蒐集視角訓練法」、「深入挖掘感覺的成因―爲什麼／喜怒哀樂訓練法」、「透過細節的描寫引起讀者興趣―細節描寫訓練法」、「提高『覺察力』就能擁有源源不絕的書寫題材―乘法訓練法」等設計（pp190-230）。

　　大陸語文特級教師蔣軍晶的《不會作文怎麼辦》書中，也有類似的寫作教學建議（蔣軍晶，2017）。譬如「語句乾巴巴怎麼辦？」項目下，便有「字數縮短，最好每句三、四、五字」、「學會用對稱」、「『然後』能少用就少用」、「『我』和『的』能少用就少用」等建議。又如在「總寫陳腔濫調怎麼辦？」項目下，便有「題目就要很特別」、「比喻就是不一樣」、「語言就是要有個性」、「選材就是有個性」等寫作原則。

　　爲了發揮形式技巧的輔助和充實功能，學生得先檢視自己的文章，然後決定是要消極地解決文章不足之處，或是積極地創造不一樣的閱讀效果。當然，後者得以前者爲基礎，若是先天不足還妄想更多精彩，便不切實際了。

　　求「善」的教學也是如此，老師可拿各方面不足的文章做例子，先

示範講解該文章有何不足之處（與學生討論亦可），再介紹有什麼技巧可以讓它面目一新，隨後具體操作，邊說邊「整型」，讓學生清楚「整型」的全過程。

　　至於「積極地創造不一樣的閱讀效果」方面，我建議老師拿自己的作品當例子，除了說明寫作初衷，強調自己和學生一樣不懈地在求「真」上努力外，並示範採用不同形式和技巧時，文章將產生什麼樣的神奇變化。當然，操作時得一邊說出心中想法才行，讓學生明確了解功能性的求「善」如何落實。

二、示範、參與、協助到獨創的教學過程

　　我在「Writing City」網站中，瀏覽「教師資源」裡的「有效的寫作教學策略」（Effective Writing Instruction Strategies）影片[6]，發現該內容頗值得第一線老師參考。然而，我強調的是其中「有效教學策略」部分的規劃，如圖 3-3：

Teacher Direct Instruction	Joint Practice Scaffolding	Student Practice with Teacher Guidance	Student Write Independently
Actively learn	Participate in shared and interactive activities	Collaborate with peers on learning, task and outcomes	Application and practice of new learning
Provide direct instruction through modeling and think-alouds	Prompt and question		Synthesize, transform and confirm learning and understanding
	Facilitate and lead students with interactive instruction	Scaffold and support instruction in groups	
Establish goals and purpose			Feedback and evaluate
I Do You Watch	I Do You Help	You Do I Help	You Do I Watch

圖 3-3　有效寫作教學策略的規劃

　　先看最上方一行深藍色的區塊，由左而右的教學順序是「老師直接教學」、「（學生）參加練習建構」、「學生在老師引導下練習」、

6　請參閱 https://www.writingcity.com/effective-writing-instruction-strategies。

「學生獨立寫作」。對應到最下方一行的深藍色的區塊，上方「老師直接教學」對應下方「我做，你看」，上方「（學生）參加練習建構」對應下方「我做，你幫忙」，上方「學生在老師引導下練習」對應下方「你做，我幫忙」，上方「學生獨立寫作」對應下方「你做，我看」。不難推知，最下方一行的深藍色區塊訴求中，「我」是指老師，「你」則是學生。

看出來了吧！由左至右，老師的角色從「示範」、「主導」、「協助」到「旁觀」，學生剛好相反，從「旁觀」、「參與」、「試作」到「獨立寫作」，「教」與「學」的責任逐漸轉換，最終學生能獨自寫作。

中間一大行的藍白二分區塊，則清楚顯示教與學的責任逐漸轉換中（由左而右，淡藍色的區塊逐漸縮小，白色的區塊則逐漸放大），老師和學生該有哪些行動。很明顯地，淡藍色的部分是老師的，白色是學生的，「我做，你看」階段的老師最忙，他得「透過示範和放聲思考提供直接的教學」、「建立（學習的）目標和宗旨」，相對地學生只要「主動的學習」就行。其次，「我做，你幫忙」階段中老師得「提示和提問」、「以互動式教學協助和引導學生」，學生應該「參加分享和互動的活動」。

接下來的「你做，我幫忙」階段中，老師的主導角色逐漸淡化，僅「在小組間建構和支持教學」，學生則逐漸承擔起學習的責任，「在學習、任務和產出上，與同儕充分合作」。最後「你做，我看」的階段，老師已是旁觀者，實施「回饋和評價」即可，學生卻必須獨立寫作，同時做到「應用和練習新學到的東西」、「整合、轉化和鞏固所學所知」兩項要求。

雖然寫作求「真」時為了激發學生的想法，我強調老師要以「引導」取代「教導」，千萬不要給學生標準答案，或是貪快地草草應付了事，因為我們必須尊重學生寫作主體地位，而且順應「個別差異」讓他們自由發揮。到了寫作求「善」階段，這套就行不通了，老師得回到「教導」的角色，把寫作規範教給學生，並帶著他們正確使用，再慢慢

「引導」他們最終能獨立操作。

　　為什麼呢？理由很簡單，形式和技巧是套客觀的規範，即使學生以往在老師講解範文時聽了不少，並不代表他們能夠掌握，只有寫作時這些規範才有意義，所以老師的提醒就變得很重要。然而，老師的存在價值顯然不僅止於提醒，還得具體的示範出來，不管是拿有所不足的文例或是自己的作品，都得在學生面前展示寫作規範如何操作。

　　這樣總夠了吧？還不行！老師得保證學生能拿著自己的文章實際操作，並對練習結果給予積極的回應，才算功德圓滿。說來簡單，這是個長期的教學過程，從老師示範寫作到學生獨立寫作，絕非一蹴可幾的。

　　就像教小孩學騎自行車，您得先示範怎麼騎，然後坐在後座讓小孩騎騎看，保證沒有意外。接下來讓孩子騎上去，您扶著自行車後座跟著跑，隨時預防失控，最後，您便可放手任由小孩自己上路，大功告成。我認為，求「善」的寫作教學正該如此。

　　上述「Writing City」網站中的「有效寫作教學策略」裡，四個階段的口號是：「我（師）做，你（生）看」→「我（師）做，你（生）幫忙」→「你（生）做，我（師）幫忙」→「你（生）做，我（師）看」，不就像是教小孩騎自行車的四個步驟嗎？事實上，「Writing City」的寫作教學理念並非特例，資深的美國教師研究者 Routman 也有類似的主張。（Routman,2005）

　　這種區分四階段，明確界定師生任務的寫作教學方式淺顯易懂，既可讓老師們知道該做些什麼，也清楚標示學生的學習行為，所以非常值得推薦給老師們參考試用。

　　不僅如此，我認為形式和技巧的教學更應如此，雖然一開始是老師的示範，藉由教與學責任的轉換，最終完成學生獨立寫作的目標，不正是我們要的嗎？如果不希望寫作形式和技巧只停留在掌握觀念上，而是能發揮其輔助和充實的功能，經由老師的示範、主導、協助，最終讓學生得以獨立寫作，絕對是值得稱道的教學模式。

三、「寫作工作坊」承擔寫作教學的重任

從 1980 年代起，「寫作工作坊」（writing workshop）已在美國各年段的課堂中實施，而且取得很不錯的成果。「寫作工作坊」的定義十分多樣，其中大致包括「學生選擇主題」、「聚焦寫作過程」、「學生持續互動」和「學生作品出版」等要素。一般認為，它能增進學生參與度、寫作品質和創作自信。此外，「寫作工作坊」的做法十分彈性，往往因應教學目標、參加者或其他因素等情況，便有許多調適性的新做法。（Kinberg, 2020）

「一人一把號，各吹各的調」，儘管吹出來的音色、曲調不盡相同，卻同樣是「號」吹出來的無疑，而且吹「號」的竅門都一樣，如果哪天吹出「笛」的聲音，絕對嚇人一跳，或是嘗試用吹「笛」的方法吹「號」，即使演奏技法有相似之處，卻不可能完全畫上等號。倘若將「號」比喻為「寫作工作坊」的理念，吹「號」的就是老師們，接受「寫作工作坊」的理念後，老師們自然會因應教學情境而有各種調適做法。

依據 Conroy, Marchand & Webster（2009）所做的實證研究，採用「作家工作坊」（Writers' Workshop）的方案後，學生對寫作有正向感受的比例從 55% 到 72%，另有 22% 到 39% 的家長表示，孩子在家的空閒時間會去寫作。實施該方案前，只有 21% 學生對所有主題的寫作有興趣，實施之後，34% 學生對寫作所有主題有興趣，尤其對故事和書信特別青睞。研究者分析學生作品後發現，他們的寫作動能、創意句子和增加故事元素上，皆有 25% 的提升趨勢，教師研究者也發現，學生課堂寫作時表現出許多正向的行為。（Conroy, Marchand, Webster, 2009）

看來，從 1980 年代到 2009 年，近三十年間「寫作工作坊」（「作家工作坊」是另一種說法，兩者差異不大）似乎依然紅火，而且對學生寫作的各個面向頗有助益。既然如此，倘若我們想在求「善」教學中有所借鑑，「寫作工作坊」有沒有明確可依循的教學步驟或流程呢？

學者們推動「寫作工作坊」的初衷，原本不只為了建立一個理論

或觀念，有著很強的實用性，所以「寫作工作坊」盛行之初，就有不少的教學實務建議，其中 Strech（1994）的基本架構，可供我們參考。他認為「寫作工作坊」包括「學生選擇自己的主題」、「以自己的步調寫作」、「討論與學生自己作品有關的東西」等基本要素（P3），而且在該架構中得以透過寫作，統整聆聽、說話、閱讀等語文能力範疇。其基本流程如下：

迷你課程（5-10 分鐘）

老師教學生寫作時所需的策略和技巧。

班級的狀況（Status of Class）

在這個寫作策略和技巧中，學生提出他們的寫作計畫。

寫作時間（20-30 分鐘或更長，視學生的年級而定）

學生在這段時間寫作，以及與老師、其他同學討論。

團體分享（10 分鐘）

這個階段中，全班一起分享和討論作品，每天有 2-3 位學生分享。

這是我見過最簡單明瞭的「寫作工作坊」流程，其中包括：「迷你課程」→「寫作時間」→「團體分享」，一目了然，所需時間最多 50 分鐘。若與上述「有效的寫作教學策略」對照，「迷你課程」應該包括「我做，你看」和「我做，你幫忙」；「寫作時間」則包括「你做，我幫忙」和「你做，我看」。

至於學生完成作品後的「團體分享」，非常重要，這正是學生願意積極投入和建立寫作信心的原因之一。畢竟，學習活動如能「有所為而為」，學習目標將更為明確，此外，溫馨鼓勵的團體氣氛下，學生分享後收穫積極正面的回饋，更是他們願意持續投入，有信心完成寫作任務的保證。

我曾在求「真」的教學建議中，強調交談對話有助於引發學生的真

實想法，而且主張於寫作的前中後實施，不管對老師教學或學生寫作而言，皆有顯著的效果。求「善」的教學也是如此，我不斷強調求「善」並非爲了孤芳自賞，而是激發讀者的閱讀感受，發揮形式技巧的輔助和充實功能，所以來自讀者的具體回饋，正是檢核兩項功能是否有效發揮的明證。

我認爲「寫作工作坊」非常適合課堂運用，每個主題從老師示範、學生獨立寫作到團體分享，大約 40-50 分鐘內便可完成，目前國內中小學班級學生數不到30人（當然越少越好！），實施起來應該不太困難。

如果您擔心「團體分享」可以上臺的人數不多，可以組織若干小組分享，甚至錄下分享影片，大家上網給予回饋意見亦可。但是，我建議「迷你課程」和「寫作時間」的環節還是維持全班一起進行。

平心而論，我之所以強調「寫作工作坊」適合求「善」的教學，主要看中它具有團體學習的特性，除了老師的教導外，來自於團體成員的陪伴和互助，更適合學生寫作成長的情境。或許可以這麼說，不只對在學學生意義非凡，任何年齡階段的成人想學習寫作，大步邁向專業或業餘作家的道路上，都需要這樣的成長團體，這正是「寫作工作坊」又稱爲「作家工作坊」的原因。

四、用「迷你課程」增強寫作形式和技巧

眼尖的您應該早就發現，「迷你課程」（mini-lesson）其實是「寫作工作坊」教學流程的第一個環節，可見它的重要性。我爲什麼要特別開闢一節來討論它呢？因爲它非常適合求「善」的教學理念。換言之，若想讓形式和技巧發揮「輔助」和「充實」的功能，我認爲「迷你課程」絕對是不二首選。

什麼是「迷你課程」？當然與「大型課程」（maxi-lesson）是相對的觀念。那麼，「迷你」和「大型」如何區分呢？當然，這不是就課程內容多寡，或是課程時間長短來區分的。簡單地說，「迷你課程」（或稱「微型課程」）並不是如「大型課程」般地以學科知識和邏輯體系來

安排，而是依據教師規劃和學生興趣，以及主體（師生）社會生活的體驗、教師能力、社會發展需求來編定的。（鄧彤，2014）

　　既然如此，「迷你課程」乃朝著尊重寫作主體的方向努力，針對學生寫作普遍不足之處，對症下藥，特別關注學生得以更上樓的細節，給予最中肯的建議。老師實施「迷你課程」前，已經肯定學生有一定的寫作能力，並不認為該教導完整的寫作技巧才行，而是因應學生需求給予相應的指導。

　　此時，寫作教學內容不再強調又多又廣，卻更在意是否深入和有效，完全是一種「功能取向」的教學觀，澈底屏棄試圖面面俱到的傳統教學理念。回到「真善美」寫作教學模式，透過老師的引導，學生已然寫出真實感受，接下來便是如何發揮形式技巧功能的時候。此時，為了落實「輔助」和「充實」兩種功能，教學內容當然是「功能性」的，任何形式技巧皆以實用有效為依歸。

　　我們再回到「寫作工作坊」裡的「迷你課程」。學者認為可以透過「迷你課程」對全班學生講解、討論與寫作相關論題、示範寫作手法和提升每個寫作技能，這些絕對有助於使學生成為更好的寫作者。然而，「迷你課程」不能超過 5-10 分鐘，否則就變成「大型課程」了。（Landry, 2000）

　　Boore 等人（1996）講得更明白，「寫作工作坊」的前 5 分鐘裡，「迷你課程」能把學生聚攏，通常在每日寫作活動中教一個特定技巧。老師教的是學生需要的，他們能深入參與自學的活動中，老師則教給他們完成該工作需要知道的。就這樣，學生有機會成為積極主動的意義創造者。「迷你課程」可以包括：「使用引述符號」、「增加有趣的細節」、「段落格式化」、「文字的適當間距」等內容。

　　綜合上述，「迷你課程」有幾個明顯的特徵：課程只能花 5-10 分鐘、每次只教一個寫作技巧、教學主題是寫作所需的、學生主動參與意義創造。連結到我所指的求「善」寫作教學，乃以發揮形式技巧的「輔助」和「充實」功能為目標，所設計的一系列「迷你課程」。

設計「迷你課程」前，我們得先了解學生需要什麼樣的形式和技巧？應該發揮什麼樣的功能？換言之，我們得從診斷與檢視作品的缺失和現況做起，才能精確掌握學生的需求。一般而言，診斷有無發揮「輔助」功能時，老師大多會先查找學生作品有何缺失；檢視有無發揮「充實」功能時，老師則關注作品的整體情況，並評估可能的提升空間。

再以 110 年「國中會考」寫作測驗的樣卷為例，我嘗試說明一下怎麼設計「迷你課程」，才能發揮形式技巧的「輔助」功能。110 年「國中會考」寫作測驗的題目如圖 3-4 所示：

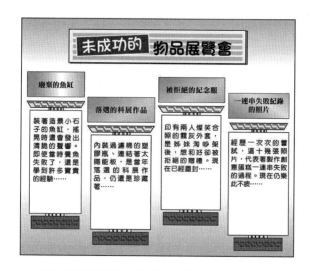

圖 3-4　110 年國中會考寫作測驗題目

110 年「國中會考」寫作測驗網站中公布唯一的二級分樣卷是這樣的[7]：

我會放一個未完成的地球生態模型，黏土和紙板透過冰棒棍和白膠牢牢地固定在一起，表面佈滿著黏土做的樹林、河流以及生態系，如今，它歷經時間的摧殘以變得脆弱不ㄅㄢ，它對我的意義重大，當時三五好友聚在一起努力製作生態模型作業，它象徵著我們的一腔熱血和友情，那是我們努力了十幾天的心血結精，我們當時合作無間，雖然最後沒態完整這件作品，留下了遺憾，但是我仍然樂此不疲。

現在我們還保持著連系，努力維持著當時的友誼。

閱卷老師的「樣卷說明」是這樣的：

1. 雖嘗試依據題意選取「未完成的地球生態模型」為材料，但僅略述其外貌、代表的意義，所選取的材料不足，發展有限。
2. 文章結構不完整。
3. 遣詞造句常有錯誤，敘寫口語。
4. 有錯別字、注音文，及標點符號運用上的錯誤。

我認為「樣卷說明」便已診斷出文章的不足之處，從中可設計如「發展所選的材料」、「文章結構完整」、「正確地遣詞造句」、「避免口語化敘寫」、「找出錯別字」和「正確使用注音符號」等一系列的「迷你課程」。

以「文章結構完整」為例，我認為老師可以試著用傳統「起承轉合」的結構示範，為什麼呢？因為「起承轉合」特別適合輔助交代事件原委，而且該題「說明」有「在外觀上，它有何特別之處？」、「在情感上，它對你的意義又是什麼？」等提示，利於「起」、「承」裡鋪陳，尤其題目特別有「未成功的」數語，則是事件情節轉折的標誌，可在「轉」上精采發揮。

據此，我設定各段敘寫的重點：第一段，「未成功物品」的簡介；第二段，自己曾經為這個物品付出的心力；第三段物品「未成功」的原

因和過程；第四段，對「未成功物品」的感受和想法。

　　請注意！設定「起承轉合」四個段落後，並不是要求老師另作一篇文章給學生看，而是從樣卷中找出各段的資源。譬如「未成功物品的簡介」這一段，樣卷中有「我會放一個未完成的地球生態模型，黏土和紙板透過冰棒棍和白膠牢牢地固定在一起，表面布滿著黏土做的樹林、河流以及生態系」；至於「自己曾經為這個物品付出的心力」這一段，則有「當時三五好友聚在一起努力製作生態模型作業，它象徵著我們的一腔熱血和友情，那是我們努力了十幾天的心血結精」的敘述。

　　「這個物品未成功的原因和過程」的第三段，樣卷內容提到不多，僅有「我們當時合作無間，雖然最後沒態完整這件作品，留下了遺憾，但是我仍然樂此不疲。」；最後一段「對這個未成功物品的感受和想法」就更少了，樣卷中只有「如今，它歷經時間的摧殘以變得脆弱不ㄅㄞ，它對我的意義重大」和「現在我們還保持著連系，努力維持著當時的友誼。」兩段敘述。

　　老師帶著全班同學找到樣卷中相應的內容後，便以樣卷為依據一段段的邊說邊寫，示範如何發展出各段內容，當然，該文敘述殘缺不全，老師需要補充和發揮的地方不少。沒關係！老師就在全班面前邊說自己想法，再把想法化為文字寫出來。示範幾次之後，學生就知道老師在做什麼、想要達成什麼效果，然後，便慢慢地讓學生參與進來一起修改。

　　有了老師示範和學生參與，接下來便可拿有所缺失的作品（別人的，像「國中會考寫作測驗」的樣卷），或者是學生以往的求「真」練習作品，以同樣的方式進行改造。一開始，老師巡視行間協助學生，慢慢地，再把主動權交還給學生，讓他們獨立創造出新作品。

　　這樣就夠了嗎？當然不是！別忘了「寫作工作坊」的最後一個環節—「團體分享」，要給學生機會展現練習的成果，如果時間匆忙，無法讓所有學生上臺分享，「團體分享」可改為「小組分享」。

五、這是老師「因材施教」的最佳時機

我要先聲明一下，雖然「寫作工作坊」的最後環節是「團體分享」，卻不是口頭分享完就結束，那豈不變成說話教學了！學生還得把練習成果寫出來，才算完成整個寫作教學的流程。

既然如此，經由「寫作工作坊」的教導後，老師雖然關心自己在「迷你課程」的示範和學生的參與情況，也非常重視學生能否在自己的協助下，逐步邁向獨立寫作的目標，以及能否在「團體分享」中暢所欲言。然而，整個教學活動的成效，得從學生產出的文章，以及老師給予的批改建議上見真章。

寫作教學的「因材施教」表現在三個地方：求「真」時的引導個別學生思考、對話：求「善」時的「你（生）做，我（師）幫忙」（You Do, I Help）；學生產出作品時，老師一一給予具體建議。最後一個尤為重要，這不僅關乎寫作教學成敗，更是老師存在價值的體現，同樣是求「善」教學的保證。

記得小時候，作文簿裡常看到老師評語總是四字或八字真言，比如「字體端正」、「文筆流暢」、「簡潔扼要」、「用詞生動」、「幽默有趣」……等（兩個四字合起來就是「八字真言」），而且圈起每個錯別字，還畫個要求訂正的大方格。幸好我當時較少被老師賞賜「字跡潦草」、「不知所云」、「文不對題」等負評，卻總不免產生一連串問號，「字體端正」尚且顯而易見，我什麼地方「文筆流暢」了？怎麼算是「不流暢」呢？哪個部分是「簡潔扼要」呢？是不是寫文章本來就該這樣呢？……。

小時候不敢多問，反正成績不算太差，就這樣了吧！沒想到原來傳統寫作教學一向如此，差不多時期的美國中小學老師也有類似做法，甚至更極端，比如計算錯誤，錯一字扣一分；講解句型和段落結構；教公式；拿回老師的批改，每個紅字代表一個錯字，罰寫十遍；序列式熟悉規則……（曾多聞，2018），看來當時我的老師還蠻跟得上時代的呀，哈！

　　後來我才知道，老師教寫作不該這樣，批改學生文章要給具體可行的建議，才能「因材施教」，讓學生有所收穫。正如作家汪曾祺提到他的老師，民初大作家沈從文先生在「西南聯大」教寫作的時光，汪先生回憶道：「沈先生教寫作，寫的比說的多，他常常在學生的作業後面寫很長的讀後感，有時會比原作還長。這些讀後感有時評析本文得失，也有時從這篇習作說開去，談及有關創作的問題，見解精到，文筆講究。」

　　老師的評語「有時會比原作還長」？真是不可思議！令人懷疑這到底是老師寫還是學生練啊？為了證明自己所言不虛，汪曾祺便拿學長保存的習寫簿為證。話說沈從文對經濟系選修「各體文寫作」的學生陳家煜的小說習作〈避靜〉，寫下的批改內容是：（馮友蘭、吳大猷、楊振寧、汪曾祺，2010）

　　　你文章好，惟論事敘事混來一氣，寫事寫人分配上有點亂，所以不大像散文，也不能給人一個「小說」印象。這是有生活經驗，少寫故事訓練必然的情形。換言之，即不知如何運用材料。場面寫得相當多，實不必要，要寫的是方修士（按：作品主人公）行為動作，以及那顆不安定的心，如何反映到行為中、小動作上、矛盾上，以及相反表現上。你試去看看契訶夫短篇集，會明白寫人的各種方法，對你運用目前這種題材必有極多幫助。他也常寫教會中人事，卻常常知道將屬於宗教儀式條規用簡單經濟方式說明，而側重在寫人，且居多還從人的行動中表現那個心，正彷彿給人畫相，畫相時於神情間讓觀眾明白這人是在做甚麼，並打算做甚麼。他不另外為畫中人作任何解釋，這才是寫小說！你文筆夠用了，對教會知識夠用了，只是對如何寫這件事的經驗不夠用。

身為語文老師，我不得不驚駭於沈從文評閱文章的功夫之深。沈先生本身就是知名作家，對小說創作自然有深刻體會，給學生的建議應是最實用的，而且從其對細節的分析可知，他是真看透了學生的寫作問題，甚至還舉知名作家的經典佐證，實在非常用心。如能拜在他的門下學習，該是多麼幸福的事啊！

或許您會覺得，像沈從文那樣的老師應該不多吧！想不到大陸著名學者季羨林先生也曾有過這樣的良師。他是這樣回憶的：（季羨林，2008）

> 有一次，在董先生的作文課上，我在「隨便寫來」（指學生自由寫作）的啟迪下，寫下一篇記述我回故鄉奔母喪的悲痛心情的作文。感情真摯，自不待言。在謀篇佈局方面卻沒有意識到有什麼特殊之處。作文本發下來了，卻使我大吃一驚，董先生在作文本每一頁上面的空白處都寫了一些批註，不少地方有這樣的話：「一處節奏」、「又一處節奏」等等。我真是如撥雲霧見青天：「這真是我寫的作文嗎？」，這真是我的作文，不容否認。『我為什麼沒有感到有什麼節奏呢？』，這也是事實，不容否認。
> 我的苦心孤詣連自己都沒有意識到，卻為董先生和盤托出。知己之感，油然而生。這決定我一生的活動。

老師的存在價值，原本就是要讓學生發現自我，季羨林從董老師的評語中不斷反問，繼而豁然開朗，可見董老師評語的魔力。而季羨林最後的「知己之感，油然而生。這決定我一生的活動。」，可見一位優秀的語文老師對學生終生持續寫作的重大影響。

讀到這裡，您一定想問：「學生人數那麼多，如果每篇都這樣評閱，豈不累死？」，這是實情，但我們又不能否認批改的「因材施教」十分重要，該怎麼辦呢？大陸語文教育學者呂叔湘便給了如下的建議：

（呂叔湘，1983）

> 我主張挑那麼幾篇，有寫得好的、有中等的、有寫得差
> 的，有代表性的作文，挑幾篇精批細改，其餘的大致看一
> 看，把主要的問題給他寫那麼兩三句在那裡就算了。然後
> 這個作文不是發完就算了，要專用一節兩節課，把精批細
> 改的文章在課堂裡講評。先唸一段然後說我是怎麼改的。
> 如有條件，把原來的作文油印出來，每個學生拿一份，聽
> 老師講他的毛病在什麼地方。從整個講，毛病在什麼地
> 方，這一段問題在哪裡，這一句有甚麼不好，這個字為什
> 麼是用錯了，細細評講。

　　這種分層精批細改，又集中在課堂講解，逐一說明老師批改的原因
和做法，不僅被評改者受益，對其他學生也能收「見賢思齊，見不賢內
自省」之效，實在是不得已的做法。然而，我還是比較建議像沈從文、
董秋芳兩位老師的評閱方法，畢竟不是所有學生都樂意成為公開評改的
對象，篇篇細評即便辛苦，卻能使學生直接獲益，這才是「因材施教」
的真諦，不是嗎？

　　寫作教學原本就是個辛苦的工作，「想要什麼收穫，就要怎麼
栽」，想要不勞而獲，或是小勞而大獲，甚至只靠要耍花槍、吹噓自
己，就想成為寫作名師，恐怕只是癡人說夢而已。

求「善」寫作教學活動舉隅

　　怎麼設計求「善」的教學活動呢？我建議「示範」、「參與」、
「協助」到「獨創」的教學流程，老師的角色從「示範」、「主導」、
「協助」到「旁觀」，學生剛好相反，從「旁觀」、「參與」、「試
作」到「獨立寫作」，過程中「教」與「學」的責任逐漸轉換，最終學

生能獨立寫作。教學方法的部分，則可採用「寫作工作坊」、「迷你課程」，到師生一對一的直接指導，至於寫作教學內容，我建議以寫作形式和技巧爲主，並採用功能性的實作單元，老師示範如何運用形式和技巧，帶領學生解決自己的寫作困境。

　　以下，我將以寫作教學內容爲經（「形式技巧運用」和「功能取向設計」），以教學方法爲緯（「寫作工作坊」、「迷你課程」和個別指導），貫串著「示範」、「參與」、「協助」到「獨創」的流程，具體展示求「善」的教學活動內涵。

一、運用形式技巧的教學

　　綜觀坊間的寫作教學書籍，大多是介紹形式與技巧後，再拿範文或例句佐證，接下來就要求學生模仿，或是透過實作和體驗，讓學生熟悉技巧的操作過程，再進行仿作練習。平心而論，這種設計十分有利於掌握形式技巧的內涵，仿作也可增加學生的語感。但問題是，掌握形式技巧爲何物後，便可輕易轉化爲寫作能力嗎？學生增加的語感能轉化爲寫作素養嗎？

　　我不否認對某些機敏有天賦的學生來說沒問題，卻很懷疑對大部分學生是否有效。顯然，我的質疑並非空穴來風，遠的不說，近幾十年來學生寫作能力低下的事實皆是明證。難道這種做法不對嗎？寫作不需要掌握形式和技巧的內涵，不需要具備豐富的語感嗎？我認爲做法沒錯，掌握形式技巧和豐富語感都是寫作的基石，但這些還不夠，老師得繼續發展兩個層面的教學：一是將寫作知能轉化爲行動；二是將行動與作品相連結。

　　我們先來聊聊「將寫作知能轉化爲行動」的部分。首先，我建議由大而小、先整體再部分的處理原則，具體來說便是先指導文章架構，再逐步延伸至段落安排，最後到字詞句的修辭細節。此外，「貪多務得」是求「善」教學的大忌，寫作知行之間的轉化尤其如此，弄不好學生會產生厭惡感，所以我主張找幾個最常用的來練習，若進展不錯再延伸即

可，先得求「有」，再慢慢求「多」，後來才能期待求「精」，與其傳授一大堆技巧，還不如找幾個常用的讓他們施展得出來，才有意義。

　　以「文章架構」來說，不妨先指導記敘文常用的「起承轉合法」、說明文常用的「分條列舉法」和議論文常用的「夾敘夾議法」，其他的看學習狀況再考慮。「文章開頭」可以先練習常用的「破題法」、「特寫法」、「虛實法」、「問答法」；「文章結尾」先練習「總結法」、「呼應法」、「勸勉法」、「期待法」、「影響法」；文章的修辭技巧，不妨先練習常用的「譬喻法」、「擬人法」、「誇飾法」、「排比法」、「借代法」等……。當然，老師可視學生喜好決定先後順序。

　　接下來，我就以指導「起承轉合法」的文章架構為例，具體展示求「善」寫作教學的流程如下：

(一)向學生說明何謂「起承轉合法」，並舉文章實例佐證之

　　依據「教育雲」網站的「教育百科」，有關「起承轉合」的詞條為「詩文開端、承接、轉折及結束的章法結構」。先把這樣的解釋告知學生，然後摘取「開端」、「承接」、「轉折」及「結束」四個關鍵詞下來，並帶領學生找出圖 3-5、3-6 課文的四個關鍵結構。

　　顯而易見，課文的第一段是「開端」，第二段是「承接」，第三、四段是「轉折」，第五段是「結束」。老師讓學生先討論，然後直接指出來，這部分和坊間的寫作書一樣，目的是讓學生掌握「起承轉合法」這種寫作形式。

(二)老師展示結構不佳的例文，並示範如何修補其不足之處

　　110 年國中教育會考寫作測驗題是「未成功的物品展覽會」，測驗說明上一節已提及，並討論過樣卷的內容，所以不再贅述。「國中教育會考」網站 110 年寫作測驗三級分樣卷之一的內容如下[8]：

8　請參閱 https://cap.rcpet.edu.tw/writing/110_3_1.pdf。

圖 3-5　103 年翰林版國語三下第五課課文 (A)

圖 3-6　103 年翰林版國語三下第五課課文 (B)

我會想把我的棒球手套放入展覽會，它長得小小的沒有很大，然後它是用很多條線和牛皮做出來的，它是在 2019 年的暑假在日本買，我也差不多用了 1、2 年了。

我為什麼想要把它放進展覽會，因為有一次比賽是我們 3 年級的最後一次盃賽了，比賽的時候，拿著它上去球場上守備，一開始還好好的，結果在最後一局的時候，突然發生了失誤，結果果家也開始了失誤，然後我們就被對手再見安打了，最後我們只離我們的目標一步而已，可惜了。

這一個手套對我來說有很多的回憶，所以再怎麼樣，我還是把留著，不會把它用丟的，到高中以後我還是會拿著它一起比賽的。

　　朗誦完這篇文章後，老師便拿著「開端」、「承接」、「轉折」及「結束」四個關鍵詞，帶著學生檢核這篇文章缺了哪個部分。沒錯！這篇文章「轉折」的部分最為不足，「結束」語焉不詳，所以老師對全班同學指出文章中的「失誤」應另起一段，且該交代「很多的回憶」是指什麼。然後老師直接舉例子說明「失誤」可以指什麼（漏接、誤投），「很多的回憶」可能包含哪些（喜悅、失望、封殺、失誤），邊說想法邊修補該文給學生看。

㈢老師再另找一篇結構不佳的例文，學生分組練習修補其不足之處

　　老師示範如何修補結構不佳的例文後，便是分組練習的時間（如果手邊有過去學生的作品更好，不是非得國中會考樣卷才行）。這時老師可找「國中教育會考」網站 110 年寫作測驗的三級分樣卷之二，其內容如下[9]：

---

[9]　請參閱 https://cap.rcpet.edu.tw/writing/110_3_2.pdf。

參加「未成功的物品展覽會」，我會放入一張張我畫不好的設計圖。

我曾經想當一個服裝設計師，所以我常常在有空的時候畫了一兩張，起初，我畫的圖都太過於平常，顏色也塗的很奇怪，但後來有慢慢的改變塗色，可看起來也不是很特別，於是我在網上查詢如何設計衣服的圖案，慢慢的學，慢慢的畫，終於有稍微的起色，但後來開始漸漸的不感興趣，我就沒有在畫了，不過我把這些曾經畫過的圖都收起來，當作一個回憶。

每當我有空時，我會翻開畫來看，裡面記錄著我曾經對這些嚮往的點點滴滴，到現在，它們依然靜靜的平躺在櫃子的最下層。

這篇文章還是在「轉折」的部分非常不足，「結束」的環節一語帶過，老師透過對話協助學生發現文中缺漏，並要求各組提出修補的建議。具體而言，便是建議該文作者「漸漸的不感興趣」（「轉折」）可以怎麼寫，它們為什麼「平躺在櫃子的最下層」（「結束」）的理由。請注意！學生不能只停留在指出哪部分文章結構不足，還得試著去修補它，透過小組合作和全班分享，每位學生得以聽到更多的修補做法，這對後續拿自己的作品開刀來說，是很好的暖身活動。當然，全部小組發表完畢後，老師可以談談自己的建議。

㈣學生找出寫過的文章，以「起承轉合法」檢視自己的缺漏，補足之後於小組內分享

豐富多樣、精彩紛呈的求「真」練習後，學生作品都該好好保存，就「檔案評量」而言，一篇篇作品就是學習的成果，在在記錄著成長的軌跡。以咱們「真善美寫作教學模式」來看，學生作品集便是求「善」的成功關鍵，原因無他，前三個步驟我們已經讓學生「將寫作知能轉化

爲行動」，沒拿自己的作品練習一下，怎麼做得到「將行動與作品相連結」呢？

　　學生以「起承轉合法」檢視自己文章不足之處，並實際進行修補，自然是非常個別化的練習，或許小組成員一起修補他人文章可能濫竽充數，修補自己的卻不能馬虎，更別說修補完還得向其他組員展示，甚至呈現給全班同學欣賞。當然，整形前後的文章得留下來，這些可都是學生的學習成果，未來求「美」的練習仍然用得著。

　　接下來，我想再以指導「文章開頭與結尾」爲例，具體展示求「善」寫作教學的流程如下：

㈠向學生說明何謂文章開頭結尾的「特寫法」和「影響法」，並舉文章實例佐證之

　　文章開頭的「特寫法」是「針對相關人、事、物的特性，或精彩、有意義的場景仔細描寫。」；文章結尾的「影響法」則是「強調文章主旨對某一特定層面的影響狀況。」，或許這時您會苦惱寫作形式技巧有不同定義，到底該採用哪種說法呢？就找您最認同的，而且學生能聽懂就好，重點是能操作、能應用，咱們可不是在搞學術研究。

　　爲了節省篇幅，我仍以 103 年翰林版國語三下第五課〈庾亮不賣馬〉爲例（圖 3-5、圖 3-6），第一段的「古時候有個叫庾亮的人，他心地善良，待人和氣，處處體諒別人，大家都很喜歡他。」就是「特寫法」的開頭。最後一段「這事一傳十，十傳百，大家對庾亮爲人著想的做法讚美不已，也更敬佩他了。」便是「影響法」的結尾。

㈡老師展示不同開頭結尾的例文，並示範如何改變其敘寫方式

　　109 年國中教育會考寫作測驗題是「我想開設一家這樣的店」，「測驗說明」請自行上網參閱[10]，不再贅述。「國中教育會考」網站

10　請參閱 https://cap.rcpet.edu.tw/exam/109/109P_Writing150DPI.pdf。

109 年寫作測驗二級分樣卷之二的內容如下[11]：

> 我想開一家健身房，因為我喜歡健身也很喜歡運動，不但
> 健身是我的興趣，還可以讓身體變的健康，更有活力。
> 雖然健身有時會很累，但在健身時只要堅持住，訓練完後
> 就會非常的有成就感，所以我想開一家很大的健身房讓大
> 家可以健身和運動就可以變更健康。
> 健康與運動是一件非常快樂的事，還可以讓身材變的更狀
> 還可以保護自己。

　　一般學生寫的開頭多是「破題法」，就是俗稱的「開門見山法」，然後用「原因法」解釋選擇的原因是什麼，如同上文劈頭第一句就是「我想開一家健身房」，下面就接「因為……」，十位考生大概有七到八位會這樣寫吧！文章結尾的寫法就相對多樣化了，有時甚至多樣到脫離文章主題，就像上文的結尾竟變成強調健康和運動的好處。

　　老師指出該文開頭和結尾的特色後，接下來便是示範如何運用「特寫法」和「影響法」改寫開頭和結尾。如果我來指導，健身房器材的聲音和人們揮汗如雨的場景會是「特寫法」的重心，再帶出「我想開一家健身房」的主訴。我開一家健身房後，會鼓勵親友、鄰居一同享受健身的快樂與好處，讓大家生活在健康和幸福的氛圍之中，這便可是「影響法」結尾的內容。過程中老師邊說明想法邊修補該文，讓老師的示範變得更具體可操作。

㈢老師另找一篇不同開頭結尾的例文，學生分組練習改變敘寫的方式

　　同樣地，老師可以找「國中教育會考」網站 109 年寫作測驗三級分

11　請參閱 https://cap.rcpet.edu.tw/writing/109_2_2.pdf。

樣卷之二（如果有舊生的作品更好），其內容如下[12]：

> 我想開一家模型店，這樣可以接觸到許多模型的同號，也可以見識到許多人做出的精緻模型。
>
> 我喜歡玩很多種手遊其中最多的就是槍戰，遊戲裡面有各式各樣槍每一種槍都有自己的特性，各種槍在遊戲裡面都畫的很精緻，我很喜歡，於是我就去侵尋畫槍的教學，但是在尋找的過程中我看到有人在販賣槍的模型，在我的好奇心下我買下了這個模型，收到的時候我看到了這個模型的細緻，而且模型可以拿來模擬遊戲跟幾個好朋友一起玩。
>
> 我希望這間店可以收藏許多稀有的模型，賣這些模型可以讓我看到許多和我一樣喜愛模型的人開心的表情，以後也可以一起玩模型，一起分享模型讓更多人知道。

還是一樣，上文開頭仍為「破題法」，接著是「原因法」，所以第一句是「我想開一家模型店」，然後「（因為）這樣可以接觸到許多模型的同號（好？）……」。上文的結尾是採用「期待法」，於是寫道「我希望這間店可以收藏許多稀有的模型……」。各小組得先分析開頭結尾採用何種寫法，並引原文支持自己的分析結果，再以「特寫法」和「影響法」進行改寫練習。

如果由我來改寫，開頭的「特寫法」會集中於模型店存放的各色模型，比如飛機、大砲、軍艦、城堡、宮殿，當然也有動漫人偶和文中提到的電玩用具等。「影響法」的結尾側重透過開店改變人們對模型的刻板印象，讓更多人喜愛模型的世界。或許您和我有著類似的想法，千萬別說出來，先讓小組討論出自己的改寫方式，而且具體去寫，最後您再提出自己的想法不遲。

---

[12] 請參閱 https://cap.rcpet.edu.tw/writing/109_3_2.pdf。

㈣學生找出寫過的文章，練習改變開頭結尾的敘寫方式，完成後於小組內分享

　　與前面的「起承轉合法」一樣，學生完成知行合一的練習後，還得連結到自己的作品，否則再好的形式技巧、再棒的練習操作始終隔著一層，無法落實。同樣地，個人修改舊作後的分享也很重要，除了避免因小組活動可能的濫竽充數外，分享過程就是反芻自己的想法，而且讀者在眼前聆聽，任何寫作者必將全力以赴，拿出最好的以饗知音。

　　上面兩個教學實例乃揉合「寫作工作坊」、「迷你課程」，並貫串著「示範」、「參與」、「協助」到「獨創」流程而來的，每一個步驟需時多少由老師自行決定，但建議不要超過兩節課（最好一節搞定！），否則學生或因時間太長而厭倦。可以預期的是，一開始實施求「善」的教學時，或許有一段混亂期，學生表現可能不如預想，若能堅持下去，效果必然顯著而且長久。

　　事實上，老師可以在平時寫作時提點要求，養成學生對形式技巧的自覺。譬如下面這位老師的做法：（McPhee 著、李雪順譯，2018）

　　　　麥基夫人（老師）要我們一個星期寫三篇文章，不是每個星期都這麼要求，有幾個星期會放鬆一陣。但在這三年時間裡，我們大多是每個星期都寫三篇。我們可以想寫甚麼就寫什麼，但每一篇文章都要附上結構大綱，而這是她要我們做的第一件事兒。大綱可以是任何形式，比如羅馬數字Ⅰ、Ⅱ、Ⅲ，以及帶有箭頭和簡筆畫的不規則圓圈。這個思路是說，先做出某種形式的藍圖，再用句子和段落加以表現。麥基夫人喜歡戲劇，要求我們在課堂上把自己的文章朗讀給其他孩子聽，喝倒彩、發噓聲，或者把文稿捲起來，扔向朗讀者，孩子們做的這一切，她都沒加以制止（p19）。

在我看來，麥基夫人要求學生「一個星期寫三篇文章」、「可以想寫什麼就寫什麼」，算是一種求「真」的寫作訓練，而「每一篇文章都要附上結構大綱」和「要求我們在課堂上把自己的文章朗讀給其他孩子聽」，則類似求「善」的寫作活動，主要培養學生的大綱意識。

您可能覺得奇怪，「什麼都沒教，怎麼就讓學生自己寫結構大綱了呢？」，沒問題的，前文曾提到學生動筆之前，早已聽老師講解過許多文章，且課外曾經涉獵不少訊息，他們腦中並非空無一物，只是施展不出來而已。因此，我們可以一方面以「迷你課程」鎖定形式技巧，讓他們逐步掌握，也可以和麥基夫人一樣透過作業喚起他們的記憶，這種做法特別對國高中學生有效，因為他們累積的形式技巧知能已然不少。

二、解決寫作困境的教學

除了上述「運用形式技巧的教學」外，求「善」寫作活動應是「功能取向」的，這種設計本是為了落實形式技巧的「輔助」和「充實」兩項功能，所以實用傾向非常明顯，而且是針對寫作困境的「補救」（沒有的變有）或「提升」（已經有變更好）所準備，於是我們稱之為「解決寫作困境的教學」。

和「運用形式技巧的教學」相比，「解決寫作困境」的更著重於對困境提出解方，不只讓學生熟練形式技巧而已。此外，作為寫作困境的「解方」，其「補救」和「提升」顯然更具對象性、操作性和目標性，並非只在意某些形式技巧有無被運用出來。

寫作困境的「補救」方面，我將參考大陸語文特級教師蔣軍晶的《不會作文怎麼辦》所提出的求「善」教學建議。該書以中小學生的寫作困境為標題，提出許多具體的操作建議，譬如「就是寫不長，怎麼辦？」項目下，便有「要動連著動」、「要動分開動」、「用更生動具體敘述取代『很』、『非常』」、「就是不用成語」、「五官輪番上」、「步驟步驟步驟」、「細節細節細節」、「聯想聯想聯想」等建議。又如在「總寫陳腔濫調怎麼辦？」的項目下，則有「題目就要很特

別」、「比喻就是不一樣」、「語言就是要有個性」、「選材就是有個性」等建議。

　　寫作內容的「提升」方面,我將參考以讀者感受為目標,山口拓朗在其《素人也能寫出好文章》中所建議的寫作訓練規劃。該書以「練出一手淺顯易懂的文章」、「練出一手有說服力的文章」、「練出一手有深度的文章」、「練出一手引人入勝的文章」為綱,再於各項目下提供寫作練習的建議。舉例來說,「練出一手淺顯易懂的文章」項目下,就有「結論越明確,文章越淺顯易懂—決定標準訓練法」、「文章越冗長,越沒人想讀—文章減半訓練法」、「盡可能寫得具體一點—『具體→抽象』的代換訓練法」、「注意與讀者間的共同認知—拆解訓練法」、「明確表達事情或訊息—比較與範圍訓練法」等建議。

　　再以「練出一手有深度的文章」的項目為例,其下便有「增加視角能讓文章更有深度—蒐集視角訓練法」、「深入挖掘感覺的成因—為什麼／喜怒哀樂訓練法」、「透過細節的描寫引起讀者興趣—細節描寫訓練法」、「提高『覺察力』就能擁有源源不絕的書寫題材—乘法訓練法」等練習。

　　下面,我便以學生常發生的「就是寫不長,怎麼辦?」困境為例,參考蔣軍晶的「細節細節細節」原則,提出補救寫作困境的教學建議如下(依然採用「迷你課程」的方法):

(一)詢問學生是否有「文章寫不長」的困擾,接下來介紹「細節細節細節」的做法,並舉文章實例佐證之

　　身為寫作老師的您,一定很清楚「文章寫不長」是學生通病。從學生的立場來說,「文章寫不長」就是「不知道該寫些什麼」,這對想在寫作上有所表現的學生而言,簡直是不知如何是好的痛苦事,所以當您發問時,學生回答的情況可想而知。

　　儘管大家都有同感,每個人的症狀卻不盡相同,還是得找一篇文章當例子說明,否則「文章寫不長」的現象無法具體化,其後的「細節細

節細節」做法也難以推動。為了節省篇幅，我找的例子是「國中教育會考」網站 110 年寫作測驗三級分樣卷之一，其內容為「我會想把我的棒球手套放入展覽會，它長得小小的沒有很大，然後它是用很多條線和牛皮做出來的……。」（前面已有完整內容，此處不再詳列）。

　　老師在課堂上呈現該例文後，詢問學生：「怎樣讓這篇文章變更長呢？老師建議一種透過描寫細節的做法，讓這篇文章變得更長吧！」，接著引導學生發現該篇文章有哪些細節可以加工，對了！就是三年級棒球比賽過程的細節，如果仔細描寫比賽的過程，就可以讓文章變得更長。

㈡老師針對該佐證的文章，示範如何運用「細節細節細節」的做法，增加其文章長度

　　怎麼透過仔細描寫比賽的過程，讓文章變得更長呢？老師帶領學生先看看該文作者已經做了什麼描述。該文的內容如下：

> ……一開始還好好的，結果在最後一局的時候，突然發生了失誤，結果果家也開始了失誤，然後我們就被對手再見安打了，最後我們只離我們的目標一步而已，可惜了。……

　　這段敘述給我們的信息是：一開始順利→最後一局失誤→大家接連失誤→對手再見安打→我們輸掉比賽。根據這些訊息，老師示範「補救」比賽過程的細節，我的邊說邊寫示範是：「開始幾局很順利，雖然我們沒能發揮打擊實力，拔得頭籌，還好大家防守得很好，就算對手曾攻佔三壘，始終沒讓對手得一分。但最後一局時，右外野手 OOO 竟然漏接，讓對手攻佔到二壘，投手□□□嘗試牽制，二壘手 XXX 卻沒接到球，讓對手安全地跑到三壘。此後噩耗接連不斷，由於游擊手 △△△ 的誤傳，對方再見安打，已經在三壘的對手趁機跑回本壘，奪得一分，接下來完全是兵敗如山倒，最終我們痛失三分，輸掉了這場比賽。」

（這不是標準答案，試試看，可能您的更棒！）

(三)老師另找一篇需要增長的文章，讓學生分組練習運用「細節細節細節」的做法，增加文章長度後對全班同學分享

還是為了節省篇幅，我便採用「國中教育會考」網站 110 年寫作測驗的三級分樣卷之二（前面有完整內容），其內容如下：

> ……起初，我畫的圖都太過於平常，顏色也塗的很奇怪，但後來有慢慢的改變塗色，可看起來也不是很特別，於是我在網上查詢如何設計衣服的圖案，慢慢的學，慢慢的畫，終於有稍微的起色，但後來開始漸漸的不感興趣，我就沒有在畫了……

讓學生分組練習描寫細節前，老師先引導學生注意原文中有哪些可以加強描寫的地方，比如：剛開始的畫「太過平常」、顏色塗的「很奇怪」、改變塗色也「不是很特別」、上網查詢後畫「有稍微的起色」、漸漸的「不感興趣」……。引號中的敘述多是感受或狀態用語，如果真是作者的體驗，完全可以填入客觀的具體描寫，這便是可努力擴充細節的地方。當然，學生不必考慮作者原意，分組練習可讓不同創意相互分享，這對養成刻畫細節的寫作習慣也很有幫助。

(四)學生找出寫過的文章，練習運用「細節細節細節」的做法，增加自己文章的長度，完成後於小組內分享

同樣地，分組練習例文後，還是得讓學生對自己的舊作開刀，否則分組練習時個人參與度或高或低，恐怕產生一言堂或濫竽充數的情況。此外，總拿別人的作品練習，始終隔著一層，沒法和自己的經驗產生聯繫，印象不夠深刻，日後難以成為一種牢不可破的習慣。此外，在與人分享的任務中，求「善」的寫作練習得以落實，或可帶動意想不到的正向循環。

　　我想再以學生常發生的無法「練出一手有深度的文章」困境爲例，參考山口拓朗的「深入挖掘感覺的成因—爲什麼／喜怒哀樂訓練法」原則，列述「提升」內容深度的寫作教學建議如下（依然採用「迷你課程」的方法）：

㈠詢問學生是否有「文章沒有深度」的困擾，接下來介紹「深入挖掘感覺的成因」的做法，並舉文章實例佐證之

　　文章有沒有「深度」？說來抽象，而且人們對「深度」的看法很主觀，難有一致性的看法，所以山口拓朗運用具象的「挖掘」動作，宣稱要找出「感覺的成因」，應該是想給讀者一種「深刻」的閱讀感受吧！我建議與其問學生是否有「文章沒有深度」的困擾，還不如問：「是不是覺得自己的文章不夠深刻？老師教你們怎麼讓文章變得更深刻的做法。」

　　爲了節省篇幅，我找的例子是「國中教育會考」網站109年寫作測驗二級分樣卷之二（前面有完整內容），其內容爲「我想開一家健身房，因爲我喜歡健身也很喜歡運動，不但健身是我的興趣，還可以讓身體變的健康，更有活力……」。作者劈頭就說想開一家健身房的原因是「因爲我喜歡健身也很喜歡運動」，爲什麼「喜歡」運動呢？背後的「成因」是什麼？

　　這裡我想特別強調一下「原因」和「成因」的不同，「原因」只是個理由，或許是觀念、態度、意願、傾向，也可能包括經驗和信念；「成因」背後則有一個完整的經驗或事理支持著。所以「原因」可以包含「成因」，反過來就不行，該文後續雖然提到健身完「非常有成就感」，只能算簡化的「原因」，不是喜歡這個感覺的「成因」。

㈡老師針對該佐證的文章，示範如何運用「深入挖掘感覺的成因」的做法，增加文章的深度

　　怎麼透過「深入挖掘感覺的成因」，讓文章更有深度呢？示範怎

麼做之前，老師得向學生強調尊重原作的脈絡，不能任意捏造一個自己掰的「成因」，這就不是讓佐證文章有深度，而是讓自己的想法有深度了，越俎代庖可不是求「善」寫作教學的目的。該怎麼做呢？我建議先找文中的關鍵詞，透過這些關鍵詞挖掘作者「喜歡」的成因。我發現文中的關鍵詞有「健康」、「活力」、「快樂」、「身材」和「成就感」等，接下來便以作者的經驗把關鍵詞綰合起來，對國高中生而言，日常生活的經驗似乎更為合適。

　　確定方向之後，我就開始邊說邊寫的示範：「每次到健身房，裡面的人們揮汗如雨，充滿活力，專注做著各種體能訓練，勤奮不懈，放眼望去，一個個健美的身形展現旺盛的生命力，我有幸成為其中的一員。預定的訓練科目完成後，我不由得露出自信的微笑，如果你稍加留意，微笑是屬於健身房裡的每一個夥伴的，那是對辛苦耕耘的最佳回報。片段休息時刻，我與三五好友放聲談笑，輕鬆自在，除了友情之外，紅潤的臉頰、流淌的汗水和勻稱的肌肉都可證明我們對健康的共同執著。這感覺太棒了，所以我熱愛健身，無法自拔。」（這不是標準答案，試試看，可能您的更棒！）

(三)老師另找一篇需要增長的文章，讓學生分組練習運用「深入挖掘感覺的成因」的做法，增加文章的深度後對全班分享

　　還是為了節省篇幅，我便採用「國中教育會考」網站 109 年寫作測驗的三級分樣卷之二（前面有完整內容），其內容如下：

> 我想開一家模型店，這樣可以接觸到許多模型的同號，也可以見識到許多人做出的精緻模型。……遊戲裡面有各式各樣槍每一種槍都有自己的特性，各種槍在遊戲裡面都畫的很精緻，我很喜歡，於是我就去侵尋畫槍的教學……在我的好奇心下我買下了這個模型，收到的時候我看到了這個

模型的細緻，而且模型可以拿來模擬遊戲跟幾個好朋友一起玩。

分組練習「深入挖掘感覺的成因」前，老師先讓學生發現文中的「感覺」是什麼，否則怎麼深入挖掘呢？又如何決定「成因」該怎麼呈現呢？很巧的，作者的感覺一開始還真沒寫出來，只提到想開模型店的兩個理由：「可以接觸到許多模型的同好」和「可以見識到精緻的模型」。還好後面提到「很喜歡」遊戲裡各種槍的精緻，曾經在「好奇心」驅使下買了模型，而且和朋友一起玩。有了這些信息，就可以開始把故事「提升」一下了。各小組的練習重點就是寫出「很喜歡」的背後成因，也就是他「接觸到許多模型的同好」和「見識到精緻的模型」的生活經驗，完成後對全班同學分享。

㈣學生找出寫過的文章，練習運用「深入挖掘感覺的成因」的做法，增加自己文章的深度，完成後於小組內分享

學生作品中常見的句子不通順，有時候不知所云、虎頭蛇尾、對象模糊，有時候是將觀念雜疊於一個句子之中、懶得使用標點符號，讓人讀起來非常痛苦。面對這種狀況該怎麼辦呢？還是一樣，老師堅持從「示範」、「主導」、「協助」到「旁觀」，學生則從「旁觀」、「參與」、「試作」到「獨立寫作」，「教」與「學」的責任逐漸轉換，最終學生能獨自修正，操作步驟如前幾例。例如可將原文與修改後的敘述對比如下：（Olness 著、葉嘉青譯，2011）

1. 原文的陳述：我們去購物中心並且買了一些東西然後我們在美食街吃東西然後我爸爸來接我們並送我們回家。

   修改的陳述：我們去購物中心，買了一些東西，並且在美食街吃東西。然後爸爸來接我們並送我們回家。

2. 原本的陳述：約翰晚起了並匆忙穿好衣服和匆忙吃完早餐然後他跑去搭學校巴士而且他遲到了所以他錯過了巴士。

修改的陳述：約翰晚起了並匆忙穿好衣服和吃完早餐。雖然他跑去車站，仍然錯過了巴士。

三、檢核作品內涵的教學

　　除了針對寫作困境設計「補救」和「提升」的教學活動外，學生還得自我要求寫得更好，寫作時自發且持續地想著求「善」才行（這是「核心素養」之一）。老師不妨在各科學習中規定寫作格式，要求學生參與任何領域的學習時，都得用這套格式記下自己的收穫，從中，學生養成自我檢核的習慣，這也是求「善」寫作教學的目標。

　　身兼教師、作家和演說家的 Mary-Kate Mackey 曾在二十世紀六〇年代就讀賓州匹茲堡查塔姆大學，上過一門名為「藝術」的必修課，這堂課除了瘋狂的背誦，學生每學期還要去匹茲堡短期旅行 5 次，課程期間一共旅行 15 次。學生還得參加藝術活動，可以去劇院看演出、參加舞會、參加畫廊開幕式，什麼都可以。學生還要針對每次活動交所謂的「藝術卡片」，其實它們並不是卡片，而是一種特定的四問結構為基礎的 500-750 字的評論。Mary-Kate Mackey 非常討厭這個作業，後來這門「藝術」倒課了，幾年後她卻這麼說：（Mackey 著、任燁譯，2018）

> 然而這麼多年過去，這門我最討厭的課程有一點還是很有用的，那就是「藝術卡片」結構。每當我需要評論什麼東西的時候，我就使用「藝術卡片」結構，用這種結構寫起文章來非常快。（p127）

　　據 Mary-Kate Mackey 回憶，構成「藝術卡片」結構的四個問題是：「製造商、設計者、作者、編舞者或藝術家想要表達什麼？」、「他們是怎麼做的？」、「他們成功了嗎（你自己的觀點）？」、「那會如何（對大環境的意義和影響）？」。看來，這個「藝術卡片」就是簡單的摘要，背後自有一套表達的邏輯，它養成了包括 Mary-Kate Mackey 在

內的修課學生一套思考邏輯，同時也是一套表達的有效格式，十分符合我主張的求「善」寫作教學理念。

　　若想養成學生系統化檢核作品的習慣，內容和形式必須兼顧，就像美國「國家寫作計畫」在 2004 年提出，可以從「主張」、「組織」、「聲音」、「用字」、「句法」、「規範」等六個面向引導學生寫作：（引自曾多聞，2020）

1. 主張（idea）：文章的中心思想是什麼？
2. 組織（organization）：如何安排文章結構來表現主張？
3. 聲音（voice）：讀者是誰？該用何種語氣來跟他們溝通，讓文章更生動？
4. 用字（word choice）：要選用哪些文字來說話？
5. 句法（sentence fluency）：檢查看看句子是否通順？
6. 規範（convention）：拼字及文法是否正確？

　　上述的六個面向加上「整體呈現」（presentation），就是所謂的「6+1 寫作面向」（6+1 traits of writing）。其中，每個面向還可再細分若干項目，老師用來引導學生檢視自己的文章。譬如「主張」下分五個細項：「文章從頭到尾有一個集中的焦點，沒有偏離。」、「我對自己的主張很有信心。」、「敘事與論說並重。」、「舉的例子很具體，不空泛。」、「舉的例子與文章中心思想直接相關。」；又如「組織」下分五個細項：「開頭很有趣，讓讀者想看下去。」、「敘事或論述的順序符合邏輯。」、「轉場順暢不突兀。」、「整篇文章看起來很自然，沒有勉強套用寫作公式的痕跡。」、「結論符合論述，讓讀者滿意。」。

　　「6+1 寫作面向」在美國 1980 年代就被發展出來，最初是為了讓師生理解如何寫好文章架構而產生的寫作測驗。應該特別強調的是，「6+1 寫作面向」並不是個想取代現有課程的另類新課程，它是一連串用來概念化、評定和描述寫作品質的架構。「6+1 寫作面向」可被用來結合現有的課程，提供課堂寫作教學一個架構、回饋和對話，用來增

進 K-12 年級師生計畫、評價、討論和修改作品的能力。（Coe, Hanita, Nishioka, Smiley, 2011）

看出來了吧！「6+1 寫作面向」並不是想疊床架屋地再搞出一個新的課程內容，而是協助學生檢核自己的作品，當然，一開始得在老師的引導下進行，否則容易掛一漏萬。此外，如果您仔細對比，「6+1 寫作面向」涵蓋了文章的內容和形式，「主張」部分是為了求「真」，至於「組織」、「聲音」、「用字」、「句法」、「規範」（再加上「整體呈現」）等面向，則是在求「真」基礎上的求「善」努力（「開頭很有趣，讓讀者想看下去」和「組織」下的細項「整篇文章看起來很自然，沒有勉強套用寫作公式的痕跡」兩項可證明）。

「6+1 寫作面向」不僅可以用來協助學生檢核作品，也可以做為老師寫作教學活動的規準，詳如表 3-1 所列：（Graham, Perin, 2007）

表 3-1　寫作教學成分與「6+1 寫作面向」對照

寫作教學成分	6+1 面向的寫作活動
1. 寫作策略（writing strategies）	強調運用各寫作面向來計畫、修改、編輯作品。
2. 摘要（summarization）	使用各寫作面向去分析和摘要文本內容。
3. 合作性寫作（collaborative writing）	鼓勵學生在計畫、擬稿、修改和編輯等方面合作。
4. 特定作品目標（specific product goals）	安排特定寫作目標，使用各寫作面向協助學生例行自我評價。
5. 文字處理（word processing）	鼓勵使用適當科技支持學生發展和出版作品。
6. 句子組合（sentence combining）	透過組合、重置、延展和模仿句子，教學生理解和產出更複雜、精緻的句子。

7. 前寫作（prewriting）	鼓勵學生在寫作前產出、蒐集和組織文章觀點。
8. 探究性活動（inquiry activities）	鼓勵學生去組織和分析能發展寫作內容的觀點。
9. 過程寫作方法（process writing approach）	包含適合過程寫作工作坊環境的教學活動，並以圖表概述寫作過程各要素如何運作。
10. 模式的研究（study of models）	鼓勵學生去閱讀和分析各寫作面向下的好文章模式，聚焦於特殊讀者、目的和形式。
11. 寫作內容學習（writing content learning）	統整其他學科的寫作內容。

　　真是令人吃驚，想不到「6+1 寫作面向」規準下的教學活動，完全可以與各種「寫作教學成分」相對應。Olness（2011）的《兒童文學與寫作教學－五歲到十二歲孩子的寫作指南》一書，就完全運用「6+1 寫作面向」作為檢核學習成效的工具，各面向的內容如下：

1. 「構想」（idea）：我的主題範圍夠小嗎？我對於自己的主題了解及談論得夠多嗎？我有寫了一些重要的細節嗎？我有以表現而非講述的方式描述嗎？我的訊息夠清楚嗎？（p79）

2. 「組織」（organization）：我有一個好的開始嗎？我有以適當的順序述說事件嗎？所有的細節都與我的重點有關嗎？它容易被了解嗎？結局會讓你去思考嗎？（p122）

3. 「聲音」（voice）：我在乎主題嗎？這篇寫作聽起來具有我的風格嗎？我有讓讀者感受到某些事嗎？我有以表現而非講述來表達感覺嗎？我的插畫表現出聲音表情嗎？（p147）

4. 「文字選擇」（word choice）：我有使用我所喜愛的文字嗎？我有使用特殊而非一般性的文字嗎？我有使用生動及不同的動詞嗎？讀者了解我的文字嗎？我的文字有創造出圖像嗎？（p182）

5.「句子流暢」（sentence fluency）：我的句子以不同的方式開始嗎？
是不是有些句子較短，而有些句子較長？當大聲朗讀時，它聽起
來好聽嗎？具有節奏及流暢感嗎？我只有使用一些我所需要的文字
嗎？（p208）

6.「規範」（convention）：我已經檢查過我報告中的錯誤了嗎？我是
否有使用句號及問號？我的文字拼寫正確嗎？我有在適當的位置使
用大寫嗎？我有使用段落嗎？（p232）

　　您會看到若干面向的標題似乎不同，那是兩書的翻譯問題，原文
沒有差別，至於為什麼同一個項目下，不同學者或老師對「6+1 寫作面
向」的理解和運用有所不同？這也很自然，原本同一規準就有不同解
讀，在不同的班級裡使用也會有相應的調整。

　　除了「6+1 寫作面向」外，我還想推薦許榮哲（2019）在《3 分鐘
說 18 萬個故事，打造影響力》所提到的故事公式：「目標→阻礙→努
力→結果→意外→轉彎→結局」（p28-30）。這個故事公式顯然出自作
者的創作經驗，而且是對古往今來經典故事和小說結構的歸納結果，它
對求「善」的寫作教學而言，與「6+1 寫作面向」的教學和檢核作用效
果相當，可以做為老師們寫作教學的參考。

第四章
後求「美」的寫作教學規劃

求「美」的理由與範疇

關於「美」，大家總會朝美麗的人事物去想，這當然不能算錯，但現實生活中的「美」就複雜多了。「美」通常是由感官判斷的，所以不妨稱之為「感性美」，除了「感性美」之外，還有「知性美」和「理性美」。此處，我不想帶大家陷入美學理論的糾葛之中，這三種算是「美」最簡單的分類。

儘管我們將「美」的類型一分為三，文章中的「知性美」、「理性美」和「感性美」卻未必能分得那麼清楚。簡單地說，一篇經典文章能傳之久遠，絕對不可能只因為文辭優美而已，它帶給我們的文化知識和思想內涵，同樣衝擊著我們知性、理性和感性三方面的審美體驗。

然而，與其費勁地去區分眾說紛紜的類型，我更有興趣去談「美」對每個人的意義是什麼。作為語文教育的研究者，我希望學生寫作永遠不放棄對「美」的追求，它包含著「知性美」、「理性美」和「感性美」，而且絕對是由自己定義的，並透過作品來實踐。人生不同階段所追求的「美」，可以學習、可以改變，卻必須忠於自己，不管「美」來自何方、何時觸發，存乎一心。

有了對「美」的堅持追求，學生為理想和期待不斷寫下去，「有所為而為」的執著就是寫作求「美」的展現。儘管如此，我們對「美」的執著並不魯莽，踏在前人肩膀上讓我們站得更高、看得更遠，我們寫的不是痴狂囈語，而是堅持在前有所循的奮鬥道路上。既然試圖在寫作上求「美」，出自於我的隻言片語便馬虎不得，甚至不惜發出「追求完

美，近乎苛求」的豪語，然後於字裡行間推敲琢磨，只為了呈現更好的作品，毫不保留，全力以赴。

　　所有的一切都為了在寫作上求「美」，是我自己認可的「美」，有時不妨「橫眉冷對千夫指」，卻絕非狂妄自大，而是忠實於自我的許諾，不僅理念上如此，篇章段落中必不失去自我的身影，文學術語應該稱之為「風格」吧！這是寫作求「美」的終極表現形式，儘管追求的「美」可能變化，吾人的文章「風格」也可能略有更動。

一、為了要更好我定當全力以赴

　　從 1953 年到 2020 年《巴黎評論》（The Paris Review）的作家訪談系列，幾乎把半個世紀重要作家的寫作生涯，做了全面的回顧。作家訪談不是短短幾小時的對話，有時計畫數月甚至數年的貼身採訪，作家們往往能放下一切戒備，自然而然地談論寫作習慣、方法、困惑，甚至私人的情感生活。（Cacao 可口雜誌，2020/10/18）

　　一系列訪談的作家中，我印象最深刻的是榮獲諾貝爾文學獎的日本知名作家大江健三郎。他是這麼描述自己的創作特色：

> 我是那類不斷重複寫作的作家。每樣東西我都極想去改正。要是你看一下我的手稿，你就可以看到我改動很多。因此我的主要的文學方法就是「有差異的重複」。
> 我開始一個新的作品，是首先對已經寫過的作品嘗試新的手法──我試圖跟同一個對手不只一次搏鬥。然而我拿著隨之而來的草稿，繼續對它進行闡釋，而這樣做的時候，舊作的痕跡便消失了。我把我的創作看作是重複中的差異所形成的整體。

　　看來，大江健三郎自稱「有差異的重複」的創作方法，就是不斷對舊作進行修改，所謂新作，其實是對舊作不斷修改下的新面貌。圖 4-1

是大江健三郎所說的「我的手稿」，的確改得面目全非。

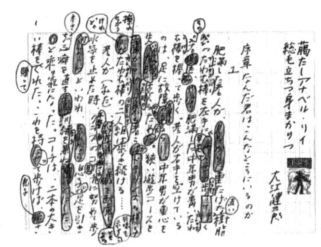

圖 4-1　大江健三郎的手稿

　　我們先拋開新舊作之間的關聯性，大江健三郎不斷修改的行為正是一種精益求精的執著，任何對自己作品有責任感，堅持把最「美」的一面呈現給讀者的作家，幾乎都有相同的執著，只不過大江健三郎在訪談中特別強調，我們能透過他的手稿證實而已。

　　我為什麼這樣說呢？古代中國文人斟酌字句的功夫，可謂錙銖必較，所以有不少類似的傳聞。比如唐代詩僧齊已，他的詩作清新雋永，興味盎然，早為詩壇大家所敬重。他曾寫過一首〈早梅〉的詩，其中有兩句是「前村深雪裡，昨夜數枝開」，齊已頗為自滿，不料詩友鄭谷剛好來訪，看完齊已的〈早梅〉詩後，想了一想，便提筆把「昨夜數枝開」改為「昨夜一枝開」，齊已看罷拜服，口稱鄭谷為「一字之師」。

　　發生什麼了？為什麼齊已如此激動？簡單地說，齊已原來的「昨夜數枝開」，或許是客觀事實的描述，卻看不出「梅」的「早」在何處，改成「昨夜一枝開」後，深雪裡只有梅花一朵綻開，相較於尚未出現的其他花種，「早」的意象就躍然而出，齊已才大為嘆服。

　　北宋大文豪歐陽修更是文章修改癖的典範型人物。《朱子語類》

曾記載：「歐公文多是修改到妙處，頃有人買得他〈醉翁亭記〉原稿，初說環滁四面有山，凡數十字，末後改定，只曰『環滁皆山也』五字而已。」，朱熹也是宋人，記錄歐陽修的軼事應該比較接近事實，但我們驚訝的是千古名作〈醉翁亭記〉的原稿，開頭竟是如此冗贅，還好歐陽修的改正，否則這篇名作的魅力勢必大大扣分。

又如歐陽修受韓琦之託寫了一篇〈畫錦堂記〉，送出幾天後，想不到歐陽修再送出去另一個新抄本，將「仕宦至將相，富貴歸故鄉」，改為「仕宦而至將相，富貴而歸故鄉」。此外，《捫蝨新話》說歐陽修「作文既畢，貼之牆壁，坐臥觀之，改正盡善，方出以示人。」，令人敬佩的是，歐陽修的修改癖堅持到晚年，一改下來，往往夜不能寐，夫人便嗔怪說：「何自苦如此，尚畏先生嗔耶？」，歐陽修回答：「不畏先生嗔，卻怕後生笑矣。」，歐陽修一句「卻怕後生笑」可知他對寫作的嚴肅態度。很明顯的，他堅持給讀者最完美的，而且還不只是應付同好，對千秋萬代的讀者也是，難怪他的作品能流傳久遠，始終膾炙人口。

事實上，語言的「美」表現在文章內容和形式上，或好或壞有時因人而異，寫作求「美」與其說是為了討好讀者，還不如說是對自我的要求，否則大江健三郎不必努力創造各種「新作」；鄭谷不必改詩，齊己何必拜服？歐陽修無須為添加兩個「而」字，再送出新的抄本；一代文宗怎怕「先生嗔」，又何必擔心「後生笑」呢？求好心切，不厭煩一改再改；求美意誠，不排斥送出新作。

此處，我想再提一下寫作求「美」的目標─個人「風格」。為什麼非得建立個人的風格呢？除了避免落入人云亦云、老生常談的窠臼外，Steven Pinker（2016）提出以下三個原因：

　　　　風格依然攸關重要，起碼有三個原因。首先，它確保寫作
　　　者的訊息能傳達開去，免得讀者枉花在世的時光解讀含糊
　　　的文章。第二、風格能贏取信任。讀者看見一位作者的文

章具備一致性和準確性，就會確認作者對於不那麼容易看到的行為美德，也同樣重視。……（第三）風格，起碼能為世界增添美麗。對一個有文化修養的讀者來說，一個俐落的句子、一個扣人心弦的隱喻、一句幽默的悄悄話，以及一番優雅的措辭，是人生最大樂事之一。（序言）

在 Pinker 的「原因」中，無論是傳達訊息、一致性和準確性的文章，甚至是提供「一個俐落的句子、一個扣人心弦的隱喻、一句幽默的悄悄話，以及一番優雅的措辭」等的美麗，都得從寫作者不斷修改中奠基與發展。

不管是寫作的前、中、後，「修改」始終是寫作者求「美」的積極手段，「修改」的範圍和程度也有深有淺，從錯別字的校對、刪冗刈繁、講求文從字順，一直到畫龍點睛、精益求精、改頭換面，皆可視為寫作求美的具體行動。因此，寫作教學應該培養學生求「美」的意識與行動，這不僅是好文章的基本訴求，更是培養學生寫作態度和習慣的策略。

二、站在前人肩膀上想看得更遠

傳承古今文化遺產，原本是語文教育的重責大任，尤其培養學生的閱讀和寫作能力時，傳承就不只是內容物的簡單累積而已，更是將文化遺產轉化為具體能量了。閱讀傳統文化固然不在話下，如果有餘力，學生應該在各階段努力接觸大量文化遺產，隨著閱讀的質和量不斷增加，傳承的可能性就越強，學生閱讀能力也因而不斷提升。

然而，寫作是這樣的嗎？多多「仿寫」經典作品就行了？姑且不談傳承文化的問題，寫作能力真的因而有所提升嗎？「取法乎上，得乎中；取法乎中，得乎下」，長久以來，「仿寫」便成為寫作教學的定法，而且是在習寫初期就得做，畢竟，要模仿總得選最好的嘛！但問題來了，先撇開文言白話的巨大差異，假如我模仿的是李白，我就能變李

白第二嗎？或者稍遜李白一籌也無妨嗎？我們要模仿李白的什麼呢？模仿李白，是不是意味著我們就得一直像李白嗎？

回到學生初期的寫作表現上，假使連一篇文章都寫不好，一旦模仿了李白，馬上就能三級跳，從寫作魯蛇變成大神李白嗎？您覺得可能嗎？

請別誤會，我從未質疑模仿前輩大師名作的必要性，這不僅是對傳統文化的傳承，更由於借鑑前輩的創作經驗，絕對是提升寫作的重要途徑。我在意的是時機，到底把「仿寫」放在習寫初期的做法，是否合理呢？

打個比方，如果我想像麥可‧喬丹一樣擁有高超的球技，該怎麼做呢？每天對著喬丹經典賽事的影片揣摩，然後去籃球場上一一實踐高超的技巧（比如令人讚嘆的「後仰跳投」），刻苦練習後我就能變喬丹了嗎？答案很明顯，世上不可能出現第二個麥可‧喬丹，沒有長久扎實苦練，連運球都不穩的我根本施展不出後仰跳投。

還是得練籃球的基本功，累積上場處理各種球況的經驗，球技累積到一定的水準後，才談得上學習喬丹的高超技巧。而且我很清楚只是借用喬丹的技巧，就像借用趙丹錢丹孫丹李丹等其他球星的技巧一樣，都是為了成就自己，絕對不是為了變成喬丹的影子而已。

回到寫作上，如同馬丁‧艾米斯說的：「當我寫不出句子，文思枯竭時，有時會這麼自問：換做狄更斯的話，他會怎麼寫貝婁或納博科夫呢？當然你是希望用自己的話表達，但景仰的作家可以助你一臂之力。」（Wolff 著、劉曉樺譯，2012）。「貝婁」和「納博科夫」是馬丁‧艾米斯小說中的人物，他寫不出句子時竟試圖用狄更斯的角度來寫，這就是模仿狄更斯，卻不是想變成狄更斯，馬丁‧艾米斯還是「希望用自己的話表達」，只不過臨時需要狄更斯來幫個忙而已。

既然如此，沒有基本球技和上場經驗，學得了麥可‧喬丹的高超球技嗎？沒有像馬丁‧艾米斯的寫作功底和需求，狄更斯能幫上忙嗎？學生還沒有基本的寫作能力，而且沒有創作的意圖和情境，「仿寫」能幫

得上忙嗎？我十分懷疑。所以 Dorothea Brande 是這麼說的：（Brande 著、刁克立譯注，2011）

> 因為孜孜不倦地追求模仿，不但模仿寫作風格，甚至模仿時下著名作家的主題思想和敘事形式，這種方式被極力推崇、反覆灌輸給初學寫作的人，以至於他們真的相信：通過模仿他們將成為有創造力的一流作家。那些作為模仿榜樣的人，自從他們帶著強烈的個人天賦特徵進行寫作以來，根據各自的品味，不斷成長、調整、改變他們的風格和模式。那些可憐的孜孜不倦的模仿者被不斷拋在後面，只能模仿過時的作品。避開模仿誘惑的最好辦法是盡早發現自己的品味和優點。（p59）

　　模仿的後遺症實在不少，但「只能模仿過時的作品」絕對是仿寫無法避免的遺憾，「盡早發現自己的品味和優點」則是仿寫前該特別強調的起點，否則模仿的下場只會和真實的自我漸行漸遠。

　　說到仿寫前賢的經典例子，我不得不介紹中國思想史我最崇拜的人物之一——揚雄。我崇拜揚雄的理由，倒不是他的思想有多麼深邃，更不會是他曾依附王莽的劣跡，他是一位很有創造力的讀書人，尤其在獨尊儒術、唯唯諾諾於師法與家法的時代裡，更是彌足珍貴。有趣的是，揚雄的創造力完全展現在他一篇篇仿擬前賢的作品之上。《漢書·揚雄傳·贊》寫道：

> 實好古而樂道，其意欲求文章成名於後世，以為經莫大於易，故作太玄；傳莫大於論語，作法言；史篇莫善於倉頡，作訓纂；箴莫善於虞箴，作州箴；賦莫深於離騷，反而廣之；辭莫麗於相如，作四賦：皆斟酌其本，相與放依而馳騁云。用心於內，不求於外，於時人皆曶之；唯劉歆及范逡敬

　　為，而桓譚以為絕倫。

　　模仿《周易》、《論語》、《倉頡篇》、《虞箴》這些聖人經典，已經令人咋舌，揚雄還模仿文學巨著〈離騷〉，順帶學習前朝大文人司馬相如的〈子虛〉、〈上林〉兩賦，此外，揚雄還身兼語言學家，出版《方言》一書。我很驚訝一個人有限的生命裡，怎能做這麼多事？或許部分原因是他的口吃，創作量卻依然驚人。

　　平心而論，模仿前賢經典的讀書人，揚雄不是第一人，也不會是最後一位，但兩千多年後，揚雄的仿作依然留存於後世。不管是模仿《周易》的《太玄》、模仿《論語》的《法言》、模仿〈離騷〉的〈廣騷〉，甚至是仿自司馬相如的〈甘泉賦〉、〈羽獵賦〉、〈長楊賦〉，都是中國思想史和文學史的重點研究對象，可見他的模仿作品絕非俗物，自有其存在價值。

　　我曾對比《太玄》和《周易》的異同，對揚雄的崇敬之情更熾，他絕非無意識地模仿，而是積極的創新，此處我難以深論，以免文不對題，所以只能略表讚嘆之情。

　　古人善於模仿，現代人可以嗎？當然是無庸置疑的。有次，我無意中讀到民初豐子愷的《明心國》，馬上就聯想到躲避敵人空襲的音樂老師，不正與陶淵明的〈桃花源記〉中的武陵人相似嗎？只不過音樂老師見到的是一群心臟會隨情緒變色的人，武陵人卻看到一夥服飾怪異的人，看樣子，豐子愷的童話雖有模仿，創造的部分更多、更深邃吧！

　　「新概念作文大賽」的獲獎作品中，我讀過一篇〈大學生孔乙己〉，一看篇名就想到魯迅的名作〈孔乙己〉，果然，作者顯然是模仿魯迅的，卻給孔乙己一個大學生的身分，儘管現代人自有特定形式的生活步調，他骨子裡的迂腐堅持，與周遭人們落落難合的形象，依然讓人印象深刻。

　　從上述的例子不難看出，作品求「美」的作家們多會模仿前輩，卻絕非為模仿而模仿，模仿的動機不是想成為前輩的影子，而是透過模仿

成就自己，讓自己心中的「美」得到最好的詮釋、最美的呈現。然而，我一直懷疑過早的讓學生「仿寫」有何意義，因爲學生基本寫作能力尚未奠定，驟然要他們模仿一流大作，姑且不論畫虎類犬的挫敗感，每學一位大家的巨作，是不是就得自廢武功一次，難道不怕最後變成四不像嗎？我認爲先讓學生有自己想寫的內容（求「眞」），而且逐步嘗試和熟練形式技巧（求「善」）後，「仿寫」就是讓自己變得更好的行爲（求「美」），在這樣的前提下，學生更有「仿寫」的自我意識，而且更有成效。

三、爲了理想或期待不斷寫作

　　1985 年初，巴黎圖書沙龍通過法國駐各國使館，法蘭克福圖書節通過瑞士法語日報《二十四小時》駐外國記者，分別邀請世界各國著名作家就「您爲什麼寫作？」這一問題撰文，各抒己見（每日頭條，2016/11/21）。我特別舉幾位知名作家例子，來看看他們持續不斷寫作的理由是什麼。

　　有的作家是爲大時代而寫，爲國家的苦難、爲個人的信仰而寫，就像民國初年知名作家丁玲。她的創作動機如下：

> 我誕生在 20 世紀初，因家敗父亡，我成了一個貧窮的孤女，而當時的中國又處於半封建、半殖民的黑暗時代，人民在水深火熱中煎熬，這些痛苦不能不感染著我，使我感到寂寞、苦悶、憤懣。我要傾訴、要吶喊、要反抗。因此我拿起筆，要把筆作爲投槍。我要追隨我的前輩，魯迅、瞿秋白、茅盾……爲人生、爲民族的解放、爲國家的獨立、爲人民的民主，爲社會的進步而從事文學寫作。

　　丁玲寫作的理由大致有個人的遭遇、人民的苦難和政治社會的理想

三個方面，姑且不論您認不認同她的主張或做法，至少信念是支持她一生的寫作動力，她為之勞神案牘，迭出新作，不懈地創造出屬於她自己一篇篇的「美」。

臺灣知名作家黃春明的動機很單純，他只想透過寫作表達對家鄉的感情。他是這樣說的：

> 我想，作為一名作家，每個人對他的人民和周圍的特殊事件，都有自己的感情和表現手段。多年來，對生養我的臺灣，寫作是我藉以表達這一小塊土地感情的唯一方式。一旦我不能寫作，我就要忐忑不安和不得安寧。

儘管看似平常不過的熱愛故鄉之舉，黃春明竟然說「一旦我不能寫作，我就要忐忑不安和不得安寧」，顯然寫作是他人生中不可或缺的存在方式，相信他每一篇大作出來，不只是求心安，更是想暢快淋漓地呈現家鄉之「美」吧！

黃春明想表達對家鄉的情感而寫作，和丁玲一比，雖各有千秋，關懷的面向小很多也是事實。如果您知道陳若曦的寫作原因，恐怕就更大吃一驚了。陳若曦是這樣說的：

> 還是童年時代，我就愛給小夥伴們講故事。每當看到他們隨著我的有聲有色的講述悲傷流淚或滿面笑容的時候，我便感到由衷地快慰。就是這個原因，我走上寫作的道路。我希望以此能夠觸動他人、表現自己，使讀者接受我的主張。

陳若曦所想的，相信大部分小朋友都想過，因為孩提時期渴望同儕認同，自己如有講故事的本事，勢必全力以赴。想不到，這竟是陳若曦堅持一輩子的寫作理由，正因如此，他總是孜孜不倦呈現心中最「美」

的給讀者，只希望能「觸動他人、表現自己，使讀者接受我的主張」。

　　為了心中的理想和期待而寫作，作家將不畏環境的艱難、他人的攻擊，堅持把最真實、最純粹的文章呈現給讀者，這就是「美」。這些文章融合著「知性美」、「理性美」和「感性美」，絕對是作者自己認證的「美」，便可一代代滋潤著人們的心靈，讓後世尊崇、嚮往。

　　孔子的《春秋》「一字寓褒貶」，給予歷史一個全新的評判標準，儘管孔子並非史官，也知道有人會指責他不務正業，卻堅持做他覺得對的事，甚至相信以後一定有知音。《春秋》記載的史事、褒貶是非、用字嚴謹，不正是「知性美」、「理性美」和「感性美」的綜合展現嗎？司馬遷也一樣，《史記》並不是官修正史，司馬遷使用優美流暢的文字記載史實，又為項羽、刺客、遊俠等賦予新歷史定位，不正是「知性美」、「理性美」和「感性美」的綜合展現嗎？

　　傳聞中造成美國南北戰爭的一本故事書—《湯姆叔叔的小屋》（Uncle Tom's Cabin），斯托夫人是位「廢奴主義」者，他將自己的理念付出行動，便有這本據說在十九世紀僅次於《聖經》的第二暢銷故事書。斯托夫人的書一出版，便遭到美國南方黑人奴隸主的敵視，許多人在報紙上抨擊斯托夫人憑空捏造事實，斯托夫人立刻撰文回擊。

　　1962 年出版的《寂靜的春天》（Silent Spring）中，瑞秋・卡森寫出農藥對環境污染的現象，尤其調查 35 種鳥類因化學抗生素而滅絕的事例。瑞秋的書出版前，企業家們不願意承認自己生產的化學藥劑汙染環境，《寂靜的春天》出版後，他們更對瑞秋大加抨擊，甚至不惜買通輿論造謠，聲稱瑞秋是助長瘧疾的兇手。所幸，1972 年美國明令禁止 DDT 用於農業活動。

　　儘管關懷的面向不同，身為作家的斯托夫人、瑞秋・卡森和孔子、司馬遷並無不同，他們都是為自己心中的理想和期待，堅持創作，就算時不我予，外在的諷刺批評不絕，他們仍努力將心中的「知性美」、「理性美」和「感性美」傳達給讀者。

　　這便是求「美」的創作表現，我認為學生經歷「真」和「善」的教

學之後，倘若老師希望學生終身寫作，而且透過寫作展現自我、觸動他人的話，求「美」的寫作教學必不可少，首要之務，便是引導學生為自己的寫作找個理由。

當然，這不是說創作動機非得像丁玲那樣的憂國憂民，或是如孔子、司馬遷那般氣度恢弘，更不必非得像斯托夫人、瑞秋・卡森一樣時事關懷，卻不妨如黃春明、陳若曦那般從小目標做起，年紀越大，接觸得多，眼界也越高，再調整自己的求「美」創作動機。

四、為志業和興趣而愛上寫作

2014 年諾貝爾經濟學獎得主是法國的尚・提霍勒（Jean Tirole），我關注他的理由並不是瑞典皇家科學院所宣稱的，他是因對大型企業、市場力量和政府監管方面的卓越分析與研究而獲獎，而且他是歷來第二個獲諾貝爾獎的法國人，打破十年來經濟學獎幾乎被美國人壟斷的傳統。我不懂經濟學，更不了解諾貝爾獎背後的政治考量，是下面的報導讓我眼前一亮：（聯合新聞網，2014/10/14）

> 「你常看他為教學而編講義，最後講義變成一本本教科書，只要教過學生的項目，幾乎都有一本教科書。」，談起諾貝爾經濟學獎得主提霍勒（Jean Tirole），曾受教門下的臺北大學助理教授邱敬淵說，提霍勒教學認真、分析能力強，又是個非常謙虛的人，「得獎絕不是意外。」，最令邱敬淵佩服的是提霍勒「教科書」產量驚人，「老師講義集結成課本，都成為該領域經典。」，直到今天，提霍勒仍持續編寫教科書，並樂在其中。

據我所知，大部分諾貝爾獎得主是科研人員，主要工作是在研究室裡做實驗，幾乎不食人間煙火，提霍勒是個異數。他是位大學教授，熱衷於教學工作，尤其把心力多集中在教科書的編寫上，當然，他出版的

各類經典教科書就是研究成果，是摘取學術桂冠的墊腳石。

事實上，不少大學教授有這樣的行為，終生為自己任教的科目編寫教科書而努力，因為大學崇尚學術自由，特別標榜能成一家之言的教授，教科書就是讓教授們實現其志業的重要管道。然而，專業教科書畢竟不能等同於學術論文，除了不可或缺的學術性外，還得讓普羅大眾看得懂，必須深入淺出，否則課堂上用不了，學生閱讀時一頭霧水，就白忙一場了。

雖然不敢和提霍勒相提並論，我也努力為自己任教的科目編寫教科書。十幾年前，為了開我系碩士班的「聆聽教學理論與實務研究」，發現當時語文聆聽教學的參考書籍、論文多是原文，漢語聆聽的書籍付之闕如，我便寫了一本《聆聽教學的理論與實務》。後來我開展了一連串閱讀教學的實驗研究，並累積超過十年的國語教科書編輯經驗，為了讓學術同道和老師們有所參考，也方便在「儒家名著選讀」、「兒童文學及教學」等課程上使用，我就撰寫一本名為《湖心投石閱讀教學模式的實務》的專業用書。

此外，我曾指導我校學生參加全國語文競賽的國語演說項目，送十一人次進前六名（兩次第一），並指導各縣市選手二十餘年，我便撰寫《演說比賽得獎不難─技巧、案例與指導》一書，提供選手們參考。再者，我曾對修「中國思想史」的大三學生強調，學習不能只停留在知道有哪些思想家、想過什麼論題，應該學習一套思辨的方法，並積極融入生活之中。於是我就寫了本《換個方式讀論語─經典閱讀、思辨從這裡開始》，一方面示範如何思辨經典的內涵，一方面要求學生寫訓練思考的閱讀札記。

有時並非該領域沒有參考書籍，我卻覺得自己該這麼做，既然來上我的課，必須帶給學生不一樣的東西，而且是出自我手，別無分號。我寫的教科書內容好壞姑且不論，我該為我的工作努力，透過教科書展現對自己一生志業的執著，如此而已。如果您問我累嗎？當然累！寫書可不是輕鬆的事，既不能誤人子弟，我也是愛惜羽毛的人，不可能信手捻

來，或聊聊風花雪月了事。倘若您問我感覺如何？太棒了，樂此不疲！寫作過程中的充實感、成就感妙不可言，完成後的幸福感洋溢，是對職涯志業的酬賞，更是人生價值的體現，自忖三不朽中至少我做到「立言」一項，區區數冊，足慰平生。

特別值得一提的是，為自身志業而跨界的寫作者更令人佩服。記得曾看過一本心理療癒小說大作《叔本華的眼淚》，真的很棒！（Irvin D.Yalom 著、易之新譯，2005）可能我對叔本華十分崇拜，作者能把叔本華哲學和心理療癒的主題巧妙融入小說之中，情節跌宕，扣人心弦，我不禁讚嘆連連。更讓我驚訝的是作者歐文·亞隆（Irvin D. Yalom）竟是美國當代精神醫學大師級人物，也是造詣最深的心理治療思想家，曾任教於史丹佛大學，出版過數本心理治療的經典作品。他不僅是一位享譽國際的學者，也是位傑出的小說家，最為人知的作品有《愛情劊子手》、《診療椅上的謊言》、《當尼采哭泣》等。

您可能和我一樣，十分好奇為什麼歐文·亞隆不優雅的、高高在上的做個精神醫學專家、心理療癒師就好了，為什麼還要斜槓地成為作家？這個問題或許他本人才能回答。但就我讀過的《叔本華的眼淚》來看，歐文·亞隆並沒有為小說拋棄他的專業（存在哲學＋心理療癒），卻顯然在小說中展現他另外的精彩。或許可以這麼說，歐文·亞隆對小說的愛好不低於專業上的執著，所以他連結專業和寫作兩者，將志業和興趣結合，樂此不疲，國外像他這樣的學者作家不在少數，他們寫作時求「美」的熱情，令人敬佩。

史考特·亞當斯（Scott Adams）是系列漫畫「呆伯特」（Dilbert）的作者。這個漫畫出現在 65 個國家，2000 家報紙，用 25 種語言轉載前，亞當斯只是個白領上班族，一邊工作一邊畫漫畫和寫部落格文章。其實這兩個業餘興趣給他的回報不多，只佔總收入不到 5%，當時女朋友問他為何這麼做，他無言以對。寫著寫著，時間一久文章越多，《華爾街日報》注意到他的部落格，就給他開個專欄，憑著先前的積累，他一上手就大受歡迎。

　　萬維鋼（2018）認為他不是想完成一個「目標」，所以沒有成敗的問題；他是想發展一個「系統」，建立一個「習慣」，有沒有人看無所謂，有沒有收入無妨，就是要系統繼續發展下去。亞當斯每天一早用餐時廣泛閱讀各種資訊，規律地蒐集創作靈感（也包含讀者的投書，他曾公開表示感謝）。萬維鋼注意到他為了發展「系統」，堅持做兩件事：一是定期寫下去，絕不中斷或拖延；二是把部落格當研發平臺做各種測試，比如測試讀者喜歡哪種話題，還有看看哪種「聲音」（憤怒、幽默、批評等）更受讀者歡迎（p161）。

　　這不是真善美寫作的最佳代言人嗎？如今亞當斯已經建立了自己的「美」，這是長期不斷發展「系統」後的甜美果實，過程中不斷接受外來資訊刺激靈感是「真」，持續在部落格平臺上做各種寫作測試是「善」，只要他不懈地創作下去，「真」、「善」、「美」便一直得到滋養成長，我們讀到的「美」就更加豐富精彩了。

　　有沒有純粹為興趣而寫作的人呢？我認識的兩位小學校長就是這樣的，他們不是語文背景出身的，雖然負責語文教育相關工作，所寫內容卻大多不是語文教育的話題，而是擴及生活的各個層面。退休小學校長陳招池一直擔任苗栗縣全國語文競賽培訓作文選手的工作，她卻是師專自然組的背景，她的寫作熱情澎湃，每每可在報紙的方塊文章中看到她的創作實力，為興趣而寫，結合自身樹人育才的志業，即使退休依然發光發熱。

　　另外一位是我的大學同學，臺中市大甲文昌國小的洪文鍊校長，教育專業背景的他勤於筆耕多年，而且將一篇篇大作發表於各大報紙副刊，文章內容涵蓋面甚廣，有鄉愁、有懷舊、有抒情、有美食、有思親、有教育等主題，筆觸真摯感人，發人深省。再加上他多年擔任臺中市教育輔導團國小國語文領召校長，志業與興趣結合，言教與身教雙馨。這兩位校長都是寫作求「美」的最佳典範，或許您的身邊就有這樣的楷模，把他們請到課堂上讓學生學習，或許期待學生終生寫作的夢想就不再遙不可及了。

該怎麼教才算求「美」？

　　前幾章曾針對求「真」和求「善」的教學，提出若干操作上的建議，求「美」的也可以嗎？您可能納悶，我不是說過寫作「美」很個人化，而且是動態的，這樣的「美」能教嗎？當然能！但我們得有兩個共識：一是老師的角色必須回到引導者、輔助者，不能像求「善」時是指導者，否則學生寫不出自己的「美」來；一是求「美」必須經歷大量實踐，包括修改稿件、模仿佳作、拓深延展、示範帶寫等活動，不僅老師應設計各種習寫活動，讓學生有實踐的機會，而且老師不能做壁上觀，最好一起投入寫作，才能與學生同步，將求「美」的意識與行動烙印在他們心中。

　　接下來，我將對應前一節所提到的範疇，分別敘述求「美」的目的下，設計「修改」、「仿寫」、「開發」、「帶寫」等四種習寫活動。需要特別強調的是，學生投入求「美」的活動時，筆下努力求「真」和「善」並未停歇，因為求「美」本就建立在求「真」和「善」的基礎上。換言之，當學生致力於求「美」的目標前，求「真」和求「善」已然達成某一階段，卻仍不懈地自我精進，而求「美」與求「真」、求「善」同步提升，從不相互矛盾，只不過求「美」的境界更高而已。

一、讓學生投入為「美」而修改的堅持

　　開宗明義，「修改」（revise）是寫作者以自己期望的方式將初稿加以改變。既然是出於寫作者的，便與老師的「批改」不同；雖然同屬「過程導向」（process-oriented）寫作模式中的要素（Tompkins, 2004），「修改」和下一個「編輯」（edit）有所差異，畢竟「編輯」是付梓之前的最後整理，在這之前，寫作者總會進行多次的「修改」，最後才為了「出版」（publish）進行「編輯」。

　　然而，我將「修改」從「過程導向寫作」理念中提取出來，實因上一節曾提及古今中外大師們對「修改」異常重視，更由於「修改」本是

求「美」的行動無疑，只不過「修改」未必在寫完後進行，且「修改」的類型和範圍有所不同而已。正如Fitzgerald & Markham（1987）的「修改」定義：

> 修改意指在寫作過程中對任何部分進行的任何改變。它是一個認知性的問題解決歷程，涉及預期文本和實際文本間的錯誤偵測、決定如何執行期待的改變，以及實際展開期待的改變。這些改變可能會或根本不會影響文本的意義，亦或許是主要或次要的改變，同樣地，可能是寫作者動筆前的心理改變，或在寫作中和寫完後進行的改變。（p4）

上述定義可謂十分完備，他們把「修改」的內容、範圍、與文本的關係，做了清晰的界定，尤其強調「修改」發生於寫作的前、中、後期，更是至理。我同意這樣的說法，只不過以求「美」為訴求的「修改」，卻更聚焦於寫作者完成初稿後所做的努力。

事實上，英文寫作修改的範圍可以從文字拼寫到重構草稿內容。表面層級的改變包括格式上的，比如「拼寫校正」、「標點符號」、「動詞時態」和「原意變化」（增加、刪除、替代字或詞），但不會去改變訊息的整體意義。不同能力層級的寫作者會做出不同類型的修改，專家寫作者視修改為「知識轉換」的經驗來澄清最終文本訊息，學生寫作者則逃避修改的歷程。有經驗的寫作者會把修改目標放在透過強化內容和結構，重新概念化自己的作品，新手作者則僅將修改視為刪改和編輯的工作而已（Lisy, 2015）。理所當然的，我們希望學生在不偏廢基本的「修改」要求下，朝專家和有經驗寫作者的方向努力，這是求「美」的積極行動。

那麼，「修改」的範圍能夠多大呢？Faigley &Witte（1981）曾做一個「修改變化分類表」，他們把「修改」的變化分為「表面的變化」和「文本的變化」。「表面的變化」可再細分為「格式變化」（可再分

爲拼字、時態數量形態、縮寫、標點、體式）和「原意變化」（可再分爲添加、刪除、替換、排序、分派、合併）。「文本的變化」可再細分爲「微結構變化」（可再分爲附加、刪除、替換、排序、分派、合併）和「巨結構變化」（可再分爲添加、刪除、替換、排序、分派、合併）。

您看出來了吧！不管「原意變化」，或是「微結構變化」和「巨結構變化」，「修改」都得在添加、刪除、替換、排序、分派、合併等行動上見眞章，所以，Tompkins（2004）乾脆說「修改」的類型就是「添加」（additions）、「替換」（substitutions）、「刪除」（deletions）、「移動」（moves）四種（簡稱爲 ASDM）。

回到課堂的教學，對大部分學生來說，「修改」被視爲作品不夠好的懲罰。能否轉變學生對「修改」的負面感受，成爲一個讓自己作品意義和訊息發展更好的一個機會呢？由於「修改」和寫作的所有歷程一樣，是複雜的、有認知性需求，以及需要學生在過程中能「偵測」（detect）、「確認」（identify），和有「正確地改正錯誤」的環節。故而專家建議的修改策略有：「提綱式的草稿」、「同儕回應團體」（peer response groups）、「師生討論會」（teacher-student conference）或「作家工作坊」（writer'sworkshop）、「直接教學」和「示範修正策略」。（Barrett, Junio, 2017）

本書曾在求「善」教學中建議過「師生討論會」、「作家工作坊」、「直接教學」和「示範修正策略」等類似做法，只是教學目標不同而已，您可視狀況調整運用。此處，我將特別介紹「同儕回應團體」的活動設計如下：（Tompkins, 2004）

一步一步來：寫作團體（p20）

㈠寫作者朗讀

四到五個人的團體輪流朗讀他們自己的作品。每個人禮貌地聆聽，

並思考朗讀結束後要給寫作者什麼讚美和建議。一般來說，朗讀時只有寫作者會看作品紙本，如果同學和老師看到紙本，常會把注意力放在錯別字句，而不是內容，這個活動希望他們透過聆聽（而非閱讀）關注內容的部分。

㈡聆聽者讚美

團體成員說說他喜歡作品的哪個部分。這些正向評論應該是特指的，聚焦於優點之上的。諸如：「我喜歡你寫的方式：『莫妮卡第一天到學校驚恐地就像個幼兒園生』，這讓我了解他的感受是什麼」，這樣的評論比起單純地說「我喜歡」、「很不錯」更有效果。學生的評論應該聚焦於結構、線索、文字選擇、語音、順序、對話、主題，或其他寫作的成分。

㈢寫作者提問

寫作者向同學提問以尋求解決困難的協助，或者詢問如何有效表達想關注的觀點。比如說：「有關 Besty Ross 的童年訊息很少，而且訊息都很簡短，我該怎麼做？」，承認他們需要從同學處獲得協助，是學習修改很重要的一步。

㈣聆聽者建議

團體成員發問敘述不明確的部分，並提出修改的建議。學生會很謹慎的以有益的而非有害的方式來表達評論，比如「這裡說垃圾食品對你不好的原因，然後又說『垃圾食品好吃』，或許你可以把它移到討論為什麼垃圾食品好的部分來呈現。」

㈤重複上述流程

學生輪流分享他們的作品，以及依序重複上面四個步驟。每位團體成員朗讀自己的作品和接收來自同學們的回饋。

㈥寫作者計畫如何修改

學生們承諾參考同學評論和建議來修改自己的作品。最後的修改計畫取決於寫作者自己，但團體成員還是會提供好點子和建議。因為學生用言語表達他們的修改計畫，就更可能完成修改的任務。

我認為「同儕回應團體」至少有三個優點：其一，寫作者朗讀作品給其他同學聽時，再次審視自己的作品，這是「修改」的起點（revision 本有再次審視的意思）；其二，聆聽者針對作品內容先讚美，再提出自己的建議，而不執著於表面字句之上，可同時激發「見賢思齊」的效應；其三，不僅聽取同學的讚美和建議，寫作者能提出自己的寫作困難，並求助他人，一直到最後決定修改的計畫，團體夥伴始終相隨，這顯然比單單聽取老師的教誨更受用。

二、為了美而仿寫，需要系統化的訓練

前文曾提到，我很難同意習寫之初就要求學生「仿寫」，更不認為光模擬古今文學家的大作就能把文章寫好，好吧！就算模仿，我們的目的並不是想成為李白、杜甫、蘇東坡，而是想成就更好的自己。尤其令人費解的是，當學生還不知寫作為何物，機械的模仿前賢有意義嗎？或許我們更該擔心的是畫虎不成反類犬吧！儘管學生中可能有天才人物（我不保證！），但對大多數人而言，還學不會走路就想飛，總是不切實際的。

把「仿寫」變成寫作求「美」的手段就不一樣了，學生在求「真」階段已經能寫出所思所想、真情實感，到了求「善」則嘗試包裝自己的想法讓更多人接受、更具有傳播力。通過求「真」和求「善」兩階段的歷練，再加上多年來國語文課堂的蓄積，此時「仿寫」的意義便大大不同，文學大師的佳作任我取用，一方面可從中學習各種表達技巧，另一方面則借用來深化思想內涵、開拓眼界。所有的「仿寫」行動都應以「我」為中心，目標是把「我」帶入「美」的境界之中。從「仿寫」衍生出來的如「縮寫」、「擴寫」、「改寫」等活動，同樣如此。

什麼是以「我」為中心、把「我」帶入「美」境界的「仿寫」呢？我曾讀過一個真實案例，或許可以說明這種狀態。（Mackey 著、任燁譯，2018）

真實案例：為了成功而模仿

當我付諸行動的時候，在任何地方都能獲得幫助。

　　我的寫作生涯是被一個不存在的人開啟的。幾年前，我是鎮上美國國家公共廣播電臺諮詢委員會的一員。和往常一樣，電臺需要資金。在一次委員會的會議上，我建議我們通過經營花園旅行來籌集額外的 3,000 美元……。果然，委員會派我編寫一本有關旅行和花園的手冊。這本手冊必須非常吸引人、非常生動具體，而且非常引人入勝，這樣才能完全消除（電臺）工程師的疑慮（「誰會想要看別人家的花園？」）。但是該怎麼寫呢？我從來沒寫過手冊或者任何其他與花園有關的文章。正當我不知所措的時候，我收到了白花農莊寄來的植物目錄。

　　白花農場有一位發言人，叫阿摩司‧佩廷吉爾。……他的寫作平易近人、親切熱情……首先，我注意到他從來沒有說過「我」，只會說「我們」。好的，在手冊裡「我們」也可以這樣做。阿摩司語氣很親切，我們也可以如此，不妨這樣寫：「歡迎參加 KLCC 花園之旅」。阿摩司喜歡用形容詞，我們也可以使用一些，可以這樣寫：「……」。他的描寫熱情洋溢，我們也可以這樣做，不妨寫：「……」。阿摩司選取了令人吃驚、希望和帶來快樂等這些詞，我們可以照搬，「……」。阿摩司的語氣總是很溫柔，而又讓你無法拒絕。我們也嘗試這麼做：「……」。

　　為了刺激銷售，我們在全鎮的售票處免費派發這本手冊以加強宣傳。截至旅行結束，電臺收入了 20,000 美元，這在一定程度上要歸功於阿摩司‧佩廷吉爾。後來，一位經驗更豐富的花園作家告訴

> 我，阿摩司並不是一個真實存在的人。……只是虛構的品牌代表。而我還以為自己很了解他。即便如此，能沿著他的成功足跡前進，我們依然深感榮幸。（pp39-41）

很明顯地，「我」的「仿寫」起自籌款任務需要，儘管模仿的對象阿摩司‧佩廷吉爾是虛構人物，但點滴受教，化為具體行動後，「我」還是圓滿地完成寫作任務，過程中既開發「我」的潛能，也開啓「我」的寫作生涯，所以「我」能「沿著他的成功足跡前進」，「依然深感榮幸」。

儘管如此，求「美」的「仿寫」活動還是得從範文的形式和內容入手，切忌籠統模糊，否則非驢非馬就尷尬了。換言之，學生得仔細拆解範文的組成，才能一一模仿效法，這是傳統寫作教學不注重，而求「美」的「仿寫」應該特別強調的。以下是 Mackey（2018）分別針對範文的形式和內容，所提供的「仿寫」前拆解建議：

備忘單：文章解構入門（pp34-35）

回答下面解構問題後開始進行你的模仿。一旦你知道答案，就能在模仿中加入你自己的想法和文字。這是一種能讓你的寫作快速走上正軌的方式。

㈠ 開頭
1. 第一段的結構是怎樣的？
2. 第一段包含幾個句子？

㈡ 字數和篇幅
1. 整篇文章有多少字？
2. 平均每個段落有多少字？
3. 文章總共有多少個段落？

（三）**標題、副標題和小標題**

1. 這篇文章有標題嗎？
2. 有副標題嗎？有小標題嗎？
3. 這些標題有多長或者多短？

（四）**段落**

1. 段落是長還是短？
2. 有多少個段落？

（五）**標誌性句子**

1. 標誌性句子是出現在每段的開頭嗎？
2. 這些標誌性的句子符合邏輯順序嗎？

（六）**詞的選擇**

1. 動詞是主動式的嗎？
2. 文章所使用的動詞複雜嗎？
3. 這篇文章有行業術語、縮略語，或者某一個領域、行業或利益集團特定的用語嗎？

（七）**結尾**

1. 最後一段的結構是怎樣的？
2. 結尾有幾個句子？
3. 最後一句的結構是怎樣的？

上述拆解建議是針對範文形式的，它涉及文章的結構、句子、標題和用語，十分詳盡。透過這樣的拆解，該範文的形式特色便一覽無遺，且為後續仿寫提供很棒的起點。當然，我一再強調「仿寫」是為了成就自己，不能機械式的模仿，有了這樣細膩的拆解，便是很好的實作參考。

以下是針對仿寫的範文內容，所建議的拆解步驟：

寫作練習：解構一切（pp37-38）

時間：15 分鐘

通過這個練習，你能最大限度地掌握模仿的關鍵細節。

步驟 1　找一篇範例。這篇範例可以是任何你想剖析的文章。

步驟 2　歸類。通讀全文，看看每個句子分別屬於什麼類別。在每個句子後面用下列一個或多個字母標記：

趣聞（Anecodtes）／場景（Scenes）──A

權威（Authorities）／消息來源（Sources）──S

事實（Facts）／描述（Description）──F

引述（Quotes）──Q

建議（Tips）──T

作者觀點（Writer's Opinion）／論點（Point of View）／概括（Summary）／結論（Conclusions）──W

步驟 3　注意類別的數量。看看你標記出了多少個類別。如果你發現現有的句子不屬於任何一類，那麼可以創造新的類別。在這個問題上沒有對錯。你要找到你可以模仿的套路。範例中是不是包含三個事實、一個建議和作者的五個結論？它們是以什麼順序出現的？這篇文章是不是以夾雜著引述的趣聞開頭，以與之相應的事實結尾？

　　一般的「仿寫」，我們大致了解範文作者要表達什麼，就直接順著他的想法模仿下去，至於他用什麼方式呈現想法，往往忽略不計，所以上述的範文內容拆解練習就十分重要。如果我們耐心標示範文中的「趣聞」、「場景」、「權威說法」、「消息來源」、「事實」、「描述」、「引述」、「觀點」、「建議」、「概括」、「結論」等處，以

及彼此之間的安排方式，原本抽象的作者想法，就變成一系列理念的邏輯鋪陳實例，可供我們模仿學習的便更具體、明確，您說這樣的「仿寫」練習還有困難嗎？當然不會。只是籠統的敘述而已嗎？不太可能。

三、深度挖掘自我，開發創作的多元性

　　本書曾在體檢寫作教學現況中提到，傳統強調文學性文本的趨勢必須有所改變，除了國中會考與大學學測的寫作測驗不再側重文學寫作外，應用性寫作、跨領域寫作早已是主流，如果試圖養成學生終身寫作的習慣，就不該拘執於單一主題的範疇。求「美」的習寫活動更是如此，對內，應嘗試開發學生的寫作潛能；對外，則努力拓展學生寫作的關懷面向，唯有如此，寫作這條路才能走得長遠，筆上求「美」的目標才有達成的一天。

　　君不見那些勤於筆耕、終生不輟的人，誰不是努力開發自我潛能，廣泛關懷與接觸各種面向，直到找到自己的天命，便無悔的一輩子堅持下去？這時，寫作已經不是一門作業、一種消遣、一個興趣、一項天賦、一份職業，而是使命、是責任、是執著、是追求，稱得上鞠躬盡瘁、死而後已。我認為，倘若沒有將寫作升華到這個層次，求「美」的教學目標只是空談。

　　問題來了，老師該怎麼協助學生開發自我潛能？又如何拓展自己關懷的面向呢？我認為還得從設計合適的寫作任務做起，換言之，老師不妨從習寫任務中讓學生自主開發潛能。比如下列兩項習寫任務：（Heffron 著、雷勇與謝彩譯，2015）

　　　寫下一些在你生活中非常重要的人對你撒了謊，而你卻發現了真相。你會有什麼樣的感受？你會做些什麼？（p120）
　　　寫一個你感受到的遺憾，你掙扎了好長時間才克服它。你做了什麼或者沒做什麼導致了那個遺憾？你是如何設法克服它的？它現在對你的生活影響有多嚴重？（pp121-122）

通常老師比較不會布置這樣的任務，因為我們總認為該讓學生寫正面的、積極的、光明的主題，否則將給學生帶來負面影響，寫出來的也不會是真的。如果求「真」時這麼做，我不反對，一旦想求「美」，就不是好主意了，恐怕白白浪費開發學生潛能的機會。學生經歷求「真」和求「善」兩階段，已澈底感受到寫作的興味後，可能產生的負面影響便不復存在，看似自剖式的習寫任務反而更好。除了寫他人施之於我的，也不妨講講我施之於他人的，一樣聚焦於負面感受之上，詳如下例：（Heffron 著、雷勇與謝彩譯，2015）

> 寫一次你傷害他人心靈的經歷。寫寫這件事發生的原因和你的感受。然後給這個人寫一封信表述一下你的想法。同樣假設你不會寄出這封信。（p96）

另有習寫活動是省思某些信念（或信仰），正因為是信念（或信仰），所以我的所言所行、所思所想常被其左右而不自覺，這種透過寫作與信念相互對話的活動，也是一種開發自我潛能的設計。正如下列活動：（Heffron 著、雷勇與謝彩譯，2015）

> 盡可能列舉一些老套的箴言，是箴言而不是真理。例如，「時間能治癒一切」、「民不與官鬥」、「善有善報，惡有惡報」。從中選擇一個拉入你的列表，然後給這句話寫上幾句，支持它或是推翻它，也可以兩方面都寫一些。如果你在日常生活中有時會用到某一句，那就寫一下這句。先熱情地論證它的有效性，接著再為它辯護。（p86）
> 寫下一段艱難時刻，你面臨一個進退維谷的道德困境，它可能挑戰你的精神信仰，也可能調動你的精神信仰，幫你做出一個選擇。你如何處理這一困境？你會再次以同樣的方式處理它嗎？你道德的指南針還能有效地指引方向嗎？
> （p144）

透過上述習寫任務，學生將更深入了解自己的想法，「寫學相長」，日後他們閱讀文章或與人互動將更重視這些環節，不管自我辯護或接受新知，學生在寫作求「美」上已向前邁開一大步。

為了讓學生有機會開發潛能，老師得設計前述各種習寫任務，但對初次習寫或連結能力較弱的學生，老師應儘量給予一些具體且生動的情境，才不至於偏移寫作方向。譬如大陸寫作名師王有聲在〈「我要寫」的念頭最重要〉一文中寫道：（王有聲，2017）

> 有一次我指導學生寫〈一件小事〉……。
> 上課後，先來一段深情的感嘆：「……昨晚，寫了一封信，今天騎車上班，正好路邊有個郵筒。我騎過去，偷了個懶，沒有下車，右腳踩在馬路邊上，身上一歪，右手拿信想投入郵筒。咳，真不巧，只差兩吋距離，夠不著。此時，從身後走過一位抱小孩的婦女，順手從我手中抽過信，投入郵筒。……」
> 生：「您過去講的『小事四原則』：時間短、場面小、人物少和情節簡，發信這事就符合要求。」

這便是協助學生開發潛能的生動設計，接下來，我們來討論一下怎麼拓展學生寫作的關懷面向。同樣地，老師可以安排一些任務，讓學生嘗試不同範疇的寫作主題，譬如：（Heffron 著、雷勇與謝彩譯，2015）

> 把你生命中的好朋友列出來，簡要描寫每一個人，並談談友情的本質。選擇一個人進行詳細描寫，然後用一種樸素的方法寫寫你享受過的友情的性質。它們通常持續的時間長嗎？哪些需求是通過友情滿足的嗎？你認為自己是一個好朋友嗎？說說你的原因。（p100）

　　「友情」是我們從小到大少不了的情感，這個任務既要求習寫者回憶交友經驗，又得談談「友情的本質」，主觀與客觀都有、感性與理性並存，便是一種拓展寫作關懷面向的好設計。除了生活經驗外，「文化」也是很棒的習寫主題，如下例：（Heffron 著、雷勇與謝彩譯，2015）

> 讀一本由某個和你自己的文化完全不同的人寫的書，此書是用來探索他所屬的文化的。寫寫文化之間的差異。或者如果你喜歡的話，寫一本像它一樣的書，但要專注於你自己的文化。（p68）

　　看起來是個「讀寫結合」的活動，重點卻不在此，這個任務能激發學生關懷文化，卻不是憑空揣摩，而是有所對照，閱讀他人文化後引發對自己文化的關懷。如果您覺得文化好像還是有些空泛，不妨把關注點放在每天發生的社會事件吧！如下例：（Heffron 著、雷勇與謝彩譯，2015）

> 寫一個社會不公事件，其中的某個問題讓你氣血沸騰。先用一篇文章開始，題目就叫〈論社會不公〉。盡量以一種說明性的方式寫下你的想法。然後換一種不那麼直接的方法，比如小說、詩歌或者劇本。（pp108-109）

　　現今網路資訊發達，學生自己找個「社會不公事件」，一點都不困難，前提是他要覺得這個社會事件是「不公」的才行。萬一學生說我完全找不到不公的社會事件怎麼辦？很簡單，老師先給他一個，連帶著相關報導和社會人士的評價，讓學生參考這些訊息後，再試著寫出自己的看法和建議，幾次下來，學生就知道該找什麼樣的社會事件，該怎麼去討論了。

四、以身作則，讓學生用寫作回應老師

　　前文曾提到，大陸暢銷童書作家楊紅櫻曾是個小學語文老師，因為當時可供孩子們閱讀的書籍不多，而且想讓孩子們喜歡她，便開展了她漫長的寫作生涯。不說還好，自從孩子們知道自己讀的「科學童話」竟是紅櫻老師寫的，傾慕之情油然而生，對語文和寫作的喜好便隨之增長，同樣地，眼見孩子們如此受教，自己的作品受到大眾喜愛，楊紅櫻便堅持童書創作，至今不輟。

　　我曾在前文極力鼓吹老師們寫作，先撇開教學不說，心理學家早已證實寫作是一種深層的自我對話，常常訴說感激之情、幻想美好未來和抒發滿懷深情的表達性寫作，往往是獲得快樂和幸福感的捷徑（Wiseman 著、佘卓桓譯，2016）。不管寫什麼主題，老師都能在寫作中認識自己、開發潛能和培養興趣及專業，甚至因而發現人生的斜槓處也未可知。怕麻煩？沒錯，一開始的確有點麻煩，或許不知所措，但越正向的價值、越深層的快樂，哪一個不是從辛苦、茫然和充滿挫折開始的？做就對了，一段時間後您絕對會有驚喜的。

　　回到寫作教學，教寫作的老師不寫作，就像教閱讀的老師不閱讀一樣荒謬，您沒經歷提筆為文的困窘，哪知學生為什麼哀鴻遍野，為什麼無從下手呢？如果您不曾養成寫作習慣，怎知學生作品好在哪裡，能給他們什麼中肯建議呢？難道只算算用了多少修辭技巧、寫作手法和名言佳句，就判斷學生作品優劣與否嗎？恕我直言，這樣的教學層次太低了，是我萬萬不敢苟同的。

　　除了鼓勵老師有寫作習慣外，為了求「美」的教學目標，我建議老師們把自己寫的東西作為教學工具，讓學生閱讀後接著寫下去，透過老師的具體示範，有目標、有方向性的發揮學生的創造力。

　　我是個大學老師，教授我系「中國思想史」時強調不能只知道什麼時代有哪些思想家，以及他們想些什麼而已，我們要古為今用，將古代思想和日常生活連結，進而建立自己的思想、慧見。平心而論，想讓學生將思想和生活連結，只要做到上課舉例，以及期中和期末測驗出題

考試即可,但是,如果試圖讓學生「建立自己的思想、慧見」,談何容易!轉念一想,我便取用學生非常熟悉的《論語》,針對書中殘缺和不合理之處,出版《換個方式讀論語─經典閱讀、思辨從這裡開始》一書,總共提出四十二個主題,「以子之矛,攻子之盾」,分析《論語》書中不合理之處。(馬行誼,2020)

　　每學年之初,我要求學生閱讀書中主題後,分別以「內容摘要」、「感受和理由」、「聯想與創意」三個項目,撰寫閱讀札記,當然,事先我會說明三個項目的札記內容要求是什麼,也會舉學長姐佳作為例說明之。每每批閱學生札記,總讓我有許多驚喜,比如我書中的原文是這樣的:

> 但是這種理解顯然不對,從原文的脈絡來看,「知道」、「喜歡」和「快樂」應該是三個層級,「知道」層次最低,再上一層是「喜歡」,最高一層是「快樂」。從另一個角度來說,「喜歡」是在「知道」的基礎上更進一步,「快樂」則是在「喜歡」的基礎更上一層樓。

以下是某學生在我書原文下寫的「感受和理由」札記:

> 如果用糖來標示的話,「知道」是無糖,「喜歡」是五分糖,而「快樂」則是八分糖的程度。許多的擦肩都可稱為「知道」,這不需要帶有任何情緒,因此只有無糖。而「喜歡」則是在「知道」的基礎上有所深入,甚至能歸納進入生百寶袋的程度,因此有五分。而八分的「快樂」,則是必須有所付出,無論是時間,還是氣力,才可獲取的幸福。

　　為了方便學生理解,我把《論語》的「知之」、「好之」、「樂之」,以「知道」、「喜歡」和「快樂」解釋,想不到學生竟分別用無

糖、五分糖和八分糖來比喻，實在非常有創意！另外在同一個主題下，
書中原文是這樣的：

> 從學習上看，孔子「知之」→「好之」→「樂之」的進階
> 關係別有深意。現代的教育觀常常強調學習的興趣，認為
> 只要學生有興趣，學習就能輕易成功；只要有興趣，學生
> 必能主動學習、堅持學習。但事實是這樣嗎？學習的興趣
> 能一直維持嗎？熱度不減嗎？學習的興趣可不可能有所轉
> 變？學生對有興趣的事物固然願意嘗試，但願意持續深入
> 探索，直到有所收穫嗎？那可不一定。

另一位學生的「感受和理由」札記寫道：

> 這讓我想起在玩拼圖的時候，知之是知道要先將每塊拼圖
> 分類，並且擺好。好之是花時間在拼組上，樂之是完成拼
> 圖時的快樂。這是基礎版，進階版是：好之是全神貫注一件
> 事上的超然心態，樂之則是從每片拼圖中，聯想自己的人
> 生便是一片片拼圖完成的。

和前一位學生相比，這位更周延，除了把「知之」、「好之」、
「樂之」具體地用「將每塊拼圖分類」、「花時間在拼組上」、「完成
拼圖時的快樂」比喻，還有所謂的「進階版」：「好之是全神貫注一件
事上的超然心態，樂之則是從每片拼圖中，聯想自己的人生便是一片片
拼圖完成的。」，就札記本身來說，這兩位學生不僅合乎「感受和理
由」的要求，更達到「聯想與創意」的目標。再以「中國思想史」授課
目標來說，這兩位學生已接近「建立自己的思想、慧見」的理想狀態
了。回到求「美」的寫作教學，這兩位學生在我的前導下，寫出自己對
《論語》和我的想法，僅此一家，別無分號。

　　除了順著我書中原文加以表述外，學生還有自己的不同意見、質疑。比如我的原文是這樣的：

　　季康子問孔子如何施政時說：「如果把壞人殺了，延攬好人，您覺得如何？」，孔子回答：「您治理國家何必殺人呢？如果您爲善，人民就跟著爲善。領導者的品德像風，人民的品德像草，風吹草上，草必然隨風而倒。」，「風行草偃」是一種教化人民的方式無疑，儘管這裡沒提到命令或派遣人民，但施政成功的關鍵，還是取決於領導者的引導或示範作用，並沒有事先告知人民的任何行動。

　　某位學生的回應如下文所示：

　　「風行草偃」的實用性其實一直令我懷疑。君主按照習俗民情行事，人民看到了，就會跟隨，我想，這大概率是出現在魅力型領袖吧！運用人格特質，帶動人民信服，但這種類型也只是少數，甚至有些存在於民間。因此每任君主都擁有風行草偃的領導力，著實讓人疑惑，就連孔子都需要花一些時間建立信服關係，何況是只有上任短短任期的君主，要達到風行草偃的最大化，可能性有點低。

　　想做個思想上的順民，就很難「建立自己的思想、慧見」，所以我在一開始就鼓勵學生寫出不同的意見，前提是「持之有故，言之成理」才行，引文中的學生雖然委婉，卻充分表達了自己的看法。
　　除了上述幾個論理性的寫法外，我還發現某些學生表現出偏感性、文學性的筆觸，令人十分欣喜。我的原文是：

　　作爲完全對立的人格典型，孔子卻和陽虎有一段孽緣，老

天可能開了個大玩笑，兩人的長相竟然十分相似，常常被人認錯。

和壞人長得像可不只是一句倒楣就了事，可能還有殺身之禍，孔子在衛國匡地曾被人圍困軟禁，就因為長得像陽虎，弟子顏刻曾為陽虎駕車，而且陽虎又剛好曾使匡人家破人亡、妻離子散。您說孔子冤不冤？！

這位學生的札記是這麼寫的：

沒血緣的人卻有著類似的特徵，這也許是造物者所遺留的浪漫。世界的茫茫人海，卻能在這幾億人中和對方擦肩問候，這是何等的緣分！但緣還是有好壞之分，像是孔子這類造成他人生的困擾，就屬於壞的一環。這還讓我想到平行時空的存在，或許在另一個時空，孔子和陽虎過著不同的人生、不同的擦肩、不同的笑著問候。

儘管我不斷強調未來教學不能再偏重文學性的文本，應該廣泛嘗試論理性、應用性的題材，卻從未否定文學性寫作的價值，因為它是多元寫作的一分子。更何況求「美」的教學重在引導，學生偏好文學性的筆觸，或習慣用這種方式呈現自己心中的「美」，老師當然不可能否定啊！

這份「閱讀札記」已經實施了兩年，說實話評閱工作頗為繁重，卻每每帶給我各種驚喜，所以總是樂此不疲，甚至每年有些小小的期待，看能不能從學生中找到知音或同好，就算是種「小確幸」吧！不必有太大的壓力，老師您又不是參加文學獎怕落選，也不必拿到課堂外接受公評，就算沒打算出書，部落格或社群平臺也是很好的創作園地，打開電腦就能寫，學生隨時想上去看不難，省時省力又省錢，您何不就試著寫寫看呢？

　　除了在大學部授課外，我也擔任研究所的課程，並指導碩博士生的研究論文。每當指導這種具有「知性美」的學術論文，我總覺得再多的嚴肅叮嚀不如手邊有實物參考，再高大上的宣揚不如自己示範的東西。此外，還得告訴他們好論文的普世標準，譬如曾任心理學學術期刊編輯的 Robert J. Sternberg，他認為獲得高評價論文的條件是：（引自朴注勇注，楊筑鈞譯，2021）

1. 具有一個或一個以上令人驚訝，且蘊含在某種理論脈絡下能被理解之結果的論文。
2. 提出帶有重要理論或實用意義結果的論文。
3. 以新奇有趣的嶄新方式看待古老問題的論文。
4. 將繁複難以處理且重視框架的資料，整合為新穎且簡單好懂的論文。
5. 指出從前被廣泛接受的思想有何問題的論文。
6. 提出新穎的研究方法或實驗操作的論文。
7. 提出的發現或理論具有普遍性內容的論文。（p61）

　　我建議不妨把史坦伯格的高評價論文條件，和自己寫過的學術論文結合起來討論，讓研究生知道論文的字裡行間該有什麼樣的思考。久而久之，學生便養成論文求「美」的正確態度，不管寫的是什麼主題、用什麼方法，未來會不會繼續寫學術論文，寫作堅持求「美」的心態將會繼續下去。

　　您的寫作教學動機或舞臺固然十分重要，但身為一位寫作教師，若您已經把教學工作視為畢生志業，主動提筆寫作絕對是個重要的起點，寫著寫著，您會對自己的文章越來越有信心，慢慢地自然發展出專屬的「風格」（「美」）來，「寫教相長」，您勢必因而對寫作教學成竹在胸，而且認同「真善美寫作教學模式」。迎著學生們崇拜的目光，您將在課堂上揮灑自如、作育英才，這不正是寫作良師最美妙的身影嗎？

參考書目

中文書目

大學入學考試中心（2016），學科能力測驗國文考科（含國語文寫作能力測驗）考試說明—**107** 學年度起適用，請參閱網站：https://www.ceec.edu.tw

毛榮富（2007），作文散步，上海社會科學院出版社。

王有聲（2017），「我要寫」的念頭最重要，收入余文森、林高明、鄭華楓主編，《可以這樣教作文——24 位名師的小學作文教學經驗》，華東師範大學出版社。

王連生、楊明彬、李同彬（2007），中學口頭作文教學的實踐指導，現代教育科學，**2**，110-111。

王乾任（2016），作文課沒教的事：培養寫作力的 **6** 項修練，釀出版。

未來 Family（2019/1/1），學測作文最高分—阮俊儒：用資料庫概念蒐集寫作題材 http://futureparenting.cwgv.com.tw/family/content/index/13605

可口雜誌（2020/10/18），大師作家們的訪談：作什麼就像什麼！你所投其工作的抉擇、熱忱、決心，以及成為現在的自己。https://cacaomag.co/the-paris-review/

自由時報電子報（2015/6/5），作文「捨不得」教授：「消費」阿公阿嬤得分不高 http://news.ltn.com.tw/news/life/breakingnews/1339634

朱宥勳，為什麼作文裡都是阿公阿嬤？（鳴人堂網站，2015/1/8）https://opinion.udn.com/opinion/story/7344/952411

江徐睿（2018），國小教師運用「自由寫作」教學策略對高年級學生寫作表現影響之行動研究，國立臺中教育大學語文教育學系碩士論文。

呂叔湘（1983），呂叔湘語文論集，商務印書館。

李廣愛（1999），口述作文訓練的幾種方式，安徽教育，**6**，6-7。

每日頭條（2016/11/21），觀點世界：**50** 位作家談寫作。http://Kknews.cc/zh-tw/culture/g2r8e58.html

季羨林（2008），我的老師董秋芳先生，收入《憶往述懷》，陝西師範大學出

版社。

周一貫，讓「習作」變為「喜作」，收入余文森、林高明、鄭華楓主編，《可以這樣教作文—24 位名師的小學作文教學經驗》，2017，華東師範大學出版社。

周慧菁（2011），美國新一波教育革命：寫作真的很重要。《天下雜誌》網站：cw.com.tw/article/5009267

馬行誼（2016），從國中「會考」到大學「指考」—談作文出題的現況與建議，語文教育論壇，第 9 期，頁 11-14。

馬行誼（2018），湖心投石閱讀教學的實務，洪葉。

馬行誼（2020），換個方式讀論語—經典閱讀、思辨從這裡開始，五南。

許榮哲（2019），故事課：3 分鐘說 18 萬個故事，打造影響力，遠流。

陳蓓蓓（2008），我國小學做文序列化訓練探索的研究，華東師範大學碩士論文。

教育部（2014），十二年國民基本教育課程綱要總綱，https://www.k12ea.gov.tw/Tw/Common/SinglePage?filter=11C2C6C1-D64E-475E-916B-D20C83896343

教育部（2017），十二年國民基本教育課程綱要：語文領域—國語文，https://www.k12ea.gov.tw/Tw/Common/SinglePage?filter=11C2C6C1-D64E-475E-916B-D20C83896343

教育部（2020），2019 全國語文競賽成果專輯，洪記印刷。

黃嘉雯（2017），于永正說寫結合的作文教學方法探究，深圳大學碩士論文。

黃春木、吳昌政、曾慶玲、童偉珊、簡邦宗、葉芳吟（2018），中學專題研究實作指南，商周。

國立臺灣師範大學心理與教育測驗研究與發展中心（2014），國中教育會考寫作測驗評分規準，請參閱網站：https://cap.rcpet.edu.tw/exam_3_1.html

深圳晚報（2002/07/24），高考作文滿目「離婚」、「失學」，耐人尋味。http://www.sina.com.cn

彭小明、劉亭玉（2015），寫作教學模式論，浙江大學出版社。

曾多聞（2018），美國讀寫教育改革教我們的六件事，字畝。

曾多聞（2020），美國讀寫教育 6 個學習現場，6 個震撼，字畝。

馮友蘭、吳大猷、楊振寧、汪曾祺（2010），聯大教授，新星。

張大春（2009/6/30），〈果然有話〉加強作文能力？（蘋果日報網站）http://
appledaily.com/forum/daily/20090630/31747826

張志公（1962），傳統語文教育初探，上海教育出版社。

張志公（1994），張志公語文教育論集，人民教育出版社。

雷伯倫（1971），中華文化與中國的兵，萬年青。

葉聖陶（2008），給初學寫作者，湖南教育出版社。

弼左羅（2020），大人的 11 堂寫作課：實現讓生活、工作都成功的複利人生，
今周刊。

萬維鋼（2021），高手學習：「精英日課」人氣作家，教你學精、學廣，煉成
別人拿不走的超強自學力，遠流。

潘新和（2008），語文：回望與沉思—走進大師，福建人民出版社。

管建剛（2010），我的作文教學革命（第二版），福建教育出版社。

廖玉蕙（2011），我從小喜歡種樹，收入《如果記憶像風》，九歌出版社。

趙凌瀾（2017），小學語文寫話教學研究，廣西師範大學碩士論文。

榮維東（2018），歐美寫作教學的三大範式，收入李子建、倪文錦主編，語文
學科教育前沿，218-243，高等教育出版社。

榮維東（2010），寫作課程範式研究，華東師範大學博士論文。

劉君珰、彭雅玲、楊裕貿主編（2020），古典與現代的對話—中文閱讀與表
達，洪業。

蔣軍晶（2017），不會作文怎麼辦：名師搶救作文 18 套祕笈大公開（上、
下），螢火蟲。

鄧彤（2014），微型寫作課程設計原理，收入王榮生主編，《寫作教學教什
麼》，華東師範大學出版社。

錢穆（1998），錢賓四先生全集—八十憶雙親師友雜憶合刊，聯經。

錢秀進（2013），建構小學低中年級作文教學序列的實踐研究，蘇州大學碩士
論文。

聯合報（2017/4/7），創意寫作課程 在美國大學走紅。http://udn.com/news/
story15/2389186

聯合新聞網（2014/10/14），提霍勒教學勤、愛寫作，門生讚他「效率高」。
https://paper.udn.com/udnpaper/PID0006/267026/web/#2L-5207621L

謝彩（2013）。中國創意寫作學初探。武漢大學博士論文。

魏小娜（2010），國外「真實寫作」的研究與啓示，中小學教師培訓，第 **8** 期，32，62-64。

外文書目

小川仁志著、劉錦秀譯（2014），這麼動人的句子，是怎麼想出來的：不必苦等靈感，一下筆就好經典的寫作技術，大是文化。

山口拓朗著，劉格安譯（2018），素人也能寫出好文章，臉譜。

山口拓朗著、黃詩婷譯（2020），文章寫得又快又好，九宮格寫作術，究竟。

朴注勇注，楊筑鈞譯（2021），首爾大學一開課就秒殺的邏輯寫作課，方言。

Applebee, A., & Langer, J.(2011). A snapshot of writing instruction in middle and high schools. *English Journal, 100*, 14-27.

Barrett, C., & Junio, R. W. (2017). From error correction to meaning making: reconstructing student perceptions of revision. *I-manager's Journal of English Language Teaching, 7(4)*, 16-23.

Behymer, A. (2003). Kindergarten writing workshop. The Reading Teacher, 57. Retrieved from http://0-vnweb.hwwilsonweb.com.unistar.uni.edu/hww/results/external_link

Bodrova, E., & Leong, D. J. (1998). Scaffolding emergent writing in the zone of proximal development. *Literacy Teaching and Learning. 3(2)*, 1-18.

Boore, K. (1996). *Improving writing strategies through the use of writer's workshop.* (ED409559)

Brande, D. 著、刁克立譯注（2011），成為作家，中國人民大學出版社。

Cameron, J 著、鍾清瑜譯（2010），創作，是心靈療癒的旅程，橡樹林。

Coe, M., Hanita, M., Nishioka, V., Smiley, R. (2011). *An investigation of the impact of the 6+1 trait writing model on grade 5 student writing achievement Final Report. NCEE 2012-4010.* National Center for Education Evaluation and Regional Assistance. (ED527445) Available from: http://ncee.ed.gov & http:// edlabs.ed.gov

Common Core State Standards Initiative. (2010). *Common core state standards for English language arts & literacy in history/social studies, science, and technical subjects*. Retrieved from http://www.corestandards.org /assets/ CCSSI_ELA Standards.pdf

Conroy, M., Marchand, T., Webster, M. (2009). *Motivating primary students to write using writers' workshop*. Online Submission(ED504817).

Cook,K.L.& Dinkins,E.G.(2015). Using popular text to develop inquiry projects: Supporting preservice teachers'knowledge of disciplinary literacy. Journal of College Science Teaching, 44(6), 44-50.

Darnton, J 編、戴琬真譯（2004），作家談寫作，一方。

Dixon, S. D. (2008). Language is everywhere！Universally designed strategies to nurture oral and written language. *Young Exceptional Children, 11(4)*, 2-12. doi: 10.1177

Elliott, E. M. & Olliff, C. B. (2008). Developmentally appropriate emergent literacy activities for young children: adapting the early literacy and learning model. *Early Childhood Education Journal, 35*, 551-556. doi: 10.1007/s10643-007-0232-1

Ellis, S. 編、刁克利譯（2012），開始寫吧！非虛構文學創作，中國人民大學出版社。

Ellis, S. 編、刁克利譯（2012），開始寫吧！虛構文學創作，中國人民大學出版社。

Faigley, L., &Witte, S.(1981). Analyzing revision. *College Composition and Communication, 32*, 400-414.

Fitzgerald, J., & Markham, L. R.(1987). Teaching children about revision in writing. *Cognition and Instruction, 4(1)*, 3-24.

Gentry, J. R. (2005). Instructional techniques for emerging writers and special needs students at kindergarten and grade 1 levels. *Reading and Writing Quarterly, 21*, 113-134. doi: 10.108/10573560590915932

Gibson, S. A. (2008). An effective framework for primary-grade guided writing instruction. *The Reading Teacher, 62(4)*, 324-334. doi: 10.1598/RT.62.4.5

Gilbert, J., & Graham, S.(2010). Teaching writing to elementary students in grades 4 to 6: A national survey. *Elementary School Journal, 110*, 494-518.

Goldberg, N. 著，詹美涓譯（2017），狂野寫作，心靈工坊。

Graham, S., Perin, D. (2007). *Writing next: effective strategies to improve writing of adolescents in middle and high schools*. A report to Carnegie Corporation of New York. Alliance for Exellent Education.

Haynes, A. 著，楊海洲、杜鐵清譯（2007），作文教學的 **100** 個絕招，教育科學出版社。

Heffron, J. 著、雷勇與謝彩譯（2015），作家創意手冊，中國人民大學出版社。

Keaton, J. M., Palmer, B. C., Nicholas, K. R. & Lake, V. E.(2007). Direct instruction with playful skill extensions: action research in emergent literacy development. *Reading Horizons Journal, 47(3)*, 229-250.

Kinberg, M.(2020). *Real-life nature-based experience as keys to the writing workshop*. Networks: An Oline Journal for Teacher Research: Vol.22: Iss1. http://doi.org/10.4148/2470-6353.1308

Landry, D.(2000). *Can writers' workshop be successful in the first grade?* (ED440407)

LaRocque, P. 著、張錚譯（2019），寫作之書，江西人民出版社。

Lisy, J. G. (2015). *Examining the impact of technology on primary students' revision of written work*. Doctoral dissertation, University of Illinois at Chicago.

Mary-Kate・Mackey 著、任燁譯（2018），寫作提高一點點，中信出版社。

McPhee,J 著、李雪順譯（2018），寫作這門手藝，湖南文藝出版社。

National Research Concil. (2012). *A framework for k-12 science education: practices, crosscutting concepts, and core ideas. Committee on a Conceptual Framework for New k-12 Science Education Standards, Board on Science Education, Division of Behavioral and Social Science and Education*. Washington, DC: The National Academies Press. Retrieved from http://nap.nationalacademies.org/read/13165/chapter1/#iii

Nesmith, S., Ditmore, E., Scott, L., Zhu, T. (2017). "This is More About a Book Than About Science!" Preservice teachers' perceptions toward using literacy strategies in inquiry-based science lessons. *Electronic Jounal of Science Education, 21(5)*, 1-13.

NGSS Lead States. (2013). *Next generation science standards: for states, by states*. Washington, DC: The National Academies Press. Retrieved from http://www.nextgenscience/org

Nixon, J. G. & Topping, K. J. (2001). Emergent writing: the impact of structured peer interaction. *Educational Psychology, 21(1)*, 41-58. doi: 10.1080/01443410020019821

Norris, S. P. & Phillips, L. M. (2003). How literacy in its fundamental sense is central to scientific literacy. *Science Education, 87(2)*, 224-240.

Oakley, B., Rogowsky, B., Sejnowski, T 著、王新螢譯 (2021)，大腦喜歡這樣學 — 強效教學版，木馬文化。

Olness, R. 著、葉嘉青譯（2011），兒童文學與寫作教學 — 五歲到十二歲孩子的寫作指南，心理出版社。

Owens, R. E. 著、林玉霞等譯（2020），語言發展導論（二版），華騰。

Pinker, S 著、江先聲譯（2016），寫作風格的意識，商周。

Reid, L. (1983). *Talking: the neglected part of the writing process*. Paper presented at the Annual Meeting of the National Concil of Teachers of English Spring Conference.

Richard, P. A.(1995). *Using dialogue journals to enhance writing skills*. (ED379679)

Romano, T. (2004). The power of voice. *Educational Leadership, 62(2), 20-23*.

Routman, R, (2005). *Writing Essentials—Raising Expectation and Results While Simplifying Teaching*. HEINEMANN.

Strech, L. L. (1994). *The implementation of writing workshop: a review of the literature*. (ED380797)

Tompkins, G. E. (2004). *Teaching writing: balancing process and product*(4th ed). Merril Prentice Hall.

Urquhart, V., McIver, M. 著、晉學軍、程可拉譯審（2009），教會學生寫作，教育科學出版社。

Wang, E. L., Matsumura, L. C. (2019). Text-based writing in elementary classroom: teachers' conceptions and practice. pp405-438. http://doi.org/10.1007/s11145-018-9860-7

Washburn, E. & Cavagnetto, A. (2013). Using argument as a tool for integrating science and literacy. *The Reading Teacher, 67(2)*, 127-136.

Walker, E, 編、呂永林、楊松濤譯（2014），創意寫作教學實用方法 **50** 例，中國人民大學出版社。

Wilson, A. A. (2008). Motivating young writers through write-talks: real writers, real audiences, real purpose. *The Reading Teacher, 61(6)*, 485-487.

Wiseman, J. 著、佘卓桓譯（2016），一本正經又怪誕的行為心理學，湖南文藝。

Wolff, J 著、劉曉樺譯（2012），寫作的秘密─寫不出好故事？向百位真正的大師取經吧！，如果。

Wolff, J 著、孟慶玲、伊小麗譯（2014），你的寫作教練，中國人民大學出版社。

Yalom, I. D. 著、易之新譯（2005），叔本華的眼淚，心靈工坊。

Note

Note

Note

國家圖書館出版品預行編目資料

從「寫作素養」到「寫出素養」：真善美寫作
　教學模式／馬行誼著. ――初版.――臺北
　市：五南圖書出版股份有限公司，2022.10
　面；　公分
　ISBN 978-626-343-205-5（平裝）

1.漢語教學　2.作文　3.寫作法　4.中小學
　教育

523.313　　　　　　　　　　111012690

1XMQ 應用文／寫作

從「寫作素養」到「寫出素養」：眞善美寫作教學模式

作　　　者 — 馬行誼

發 行 人 — 楊榮川

總 經 理 — 楊士清

總 編 輯 — 楊秀麗

副總編輯 — 黃惠娟

責任編輯 — 羅國蓮

封面設計 — 姚孝慈

出 版 者 — 五南圖書出版股份有限公司

地　　　址：106台北市大安區和平東路二段339號4樓

電　　　話：(02)2705-5066　　傳　　　真：(02)2706-6100

網　　　址：https://www.wunan.com.tw

電子郵件：wunan@wunan.com.tw

劃撥帳號：01068953

戶　　　名：五南圖書出版股份有限公司

法律顧問　林勝安律師事務所　林勝安律師

出版日期　2022年10月初版一刷

定　　　價　新臺幣310元

※版權所有·欲利用本書內容，必須徵求本公司同意※

全新官方臉書

五南讀書趣

WUNAN Books since1966

Facebook 按讚

1 秒變文青

★ 專業實用有趣
★ 搶先書籍開箱
★ 獨家優惠好康

f 五南讀書趣 Wunan Books

不定期舉辦抽獎
贈書活動喔！！

經典永恆・名著常在

五十週年的獻禮——經典名著文庫

五南，五十年了，半個世紀，人生旅程的一大半，走過來了。

思索著，邁向百年的未來歷程，能為知識界、文化學術界作些什麼？

在速食文化的生態下，有什麼值得讓人雋永品味的？

歷代經典・當今名著，經過時間的洗禮，千錘百鍊，流傳至今，光芒耀人；

不僅使我們能領悟前人的智慧，同時也增深加廣我們思考的深度與視野。

我們決心投入巨資，有計畫的系統梳選，成立「經典名著文庫」，

希望收入古今中外思想性的、充滿睿智與獨見的經典、名著。

這是一項理想性的、永續性的巨大出版工程。

不在意讀者的眾寡，只考慮它的學術價值，力求完整展現先哲思想的軌跡；

為知識界開啟一片智慧之窗，營造一座百花綻放的世界文明公園，

任君遨遊、取菁吸蜜、嘉惠學子！